nuffzus, nunnerzus, newedran

An Frl. Christina Brucker, auf Wunsch Ihres, sie sehr liebenden Vetters!

Thomas Liessl

Seit 1986 veranstaltet wird der Mundartwettbewerb des Arbeitskreis Heimatpflege im Regierungsbezirk Karlsruhe. Beteiligen mit Einsendungen in den heimischen Mundarten kann sich jeder, der im Regierungsbezirk lebt oder geboren wurde. Preise für Dialektbeiträge in den Sparten Gedicht, Erzählung, Szene und Lied werden vergeben. Hinzu kommt der Rudolf-Stähle-Preis für junge Teilnehmer oder eine außergewöhnliche Einsendung.

Der Mundartwettbewerb wird alle zwei Jahre ausgeschrieben und trägt seit 2009 den Namen „De Gnitze Griffel". Frühere Ergebnisse des Wettbewerbs sind dokumentiert in den Büchern: „Ein gutes Dutzend", Karlsruhe 2000 und „I riech nix", Karlsruhe 2009. Weitere Informationen finden sich unter www.ak-heimatpflege-ka.de

Diese Anthologie versammelt zahlreiche Texte von Teilnehmern und Preisträgern bei diesem Mundartwettbewerb.

nuffzus, nunnerzus, newedran

Eine literarische Mundartkarte aus dem Regierungsbezirk Karlsruhe

Herausgegeben von Thomas Liebscher
für den Arbeitskreis Heimatpflege

Mit Siegertexten des Wettbewerbs „De Gnitze Griffel“

verlag regionalkultur

Titel: nuffzus, nunnerzus, newedran
Untertitel: Eine literarische Mundartkarte
aus dem Regierungsbezirk Karlsruhe
Mit Siegertexten des Wettbewerbs „De Gnitze Griffel“
Herausgeber: Herausgegeben von Thomas Liebscher
für den Arbeitskreis Heimatpflege
Gestaltung und Satz: Jochen Baumgärtner, vr
Lektorat: Andrea Sitzler, vr

ISBN 978-3-89735-922-2

Bibliografische Information der Deutschen Bibliothek
Die Deutsche Bibliothek verzeichnet diese Publikation in der Deutschen Nationalbibliografie; detaillierte bibliografische Daten sind im Internet über http://dnb.ddb.de abrufbar.

Diese Publikation ist auf alterungsbeständigem und säurefreiem Papier (TCF nach ISO 9706) gedruckt entsprechend den Frankfurter Forderungen.

verlag regionalkultur
Ubstadt-Weiher • Heidelberg • Basel

Korrespondenzadresse:
Bahnhofstr. 2 • D-76698 Ubstadt-Weiher • *Tel.* 07251 36703-0 • *Fax* 07251 36703-29
E-Mail kontakt@verlag-regionalkultur.de • *Internet* www.verlag-regionalkultur.de

Inhaltsverzeichnis

Grußwort 5

Vorwort 6

Kurpfalz und Odenwald 9

Kraichgau 25

Rheintal 43

Nordschwarzwald 77

Autorinnen und Autoren 93

Grußwort

Können Sie sich ein Berlin ohne „Schrippen“ oder ein Bayern ohne „Pfiat di?“ vorstellen? Gar ein Baden ohne „Detsch mer mol?“ oder eine Stuttgarter Kehrwoche ohne „Butzlomba ond Kuddrschaufl“? Nein? Ich auch nicht.

Mundart ist ein schützenswertes Kulturgut. Sie stiftet Identität und weitet die Ausdruckskraft der Sprache. In Mundart können Stimmungen und Gefühle treffender und authentischer wiedergegeben werden und geläufige Dialektsprüche beschreiben einen Menschenschlag oft deutlicher als viele Erklärungen in Schriftsprache. In einer Zeit zunehmender internationaler Einflüsse erfährt regionale Mundart wieder vermehrt Zuspruch. Zahlreiche Vereinigungen tragen, unterstützt vom Ministerium für Wissenschaft, Forschung und Kunst, dazu bei, sie lebendig zu halten. Sie tun das durch Theater, Kabarett, Mundart an Schulen, in Mundartliedern und Museen und nicht zuletzt durch unseren seit 1986 schon 22 Mal ausgeschriebenen Mundartwettbewerb. Mit Blick auf den 300. Stadtgeburtstag in Karlsruhe und die Heimattage in Bruchsal haben wir diesen Wettbewerb 2015 unter das Motto „Stadt, Land, Fluss, Berg“ gestellt, um nun sowohl die besten Werke daraus als auch Texte von Autoren früherer Wettbewerbe in diesem Jubiläumsband festzuhalten.

Mein besonderer Dank gilt dem Vorsitzenden unserer Mundart-Jury, Herrn Thomas Liebscher, der diese Anthologie realisiert und mit sachkundigem Gespür die Texte ausgesucht hat. Ein herzliches Dankeschön geht auch an alle Jury-Mitglieder, die seit vielen Jahren ehrenamtlich in der Fachjury mitwirken.

Ich hoffe, dass auch dieser Band – wie seine beiden Vorgänger – eine große Leserschaft anziehen und zur Verwurzelung unserer vielfältigen Mundarten im Regierungsbezirk beitragen wird. Den Leserinnen und Lesern wünsche ich viel Vergnügen.

Nicolette Kressl

Regierungspräsidentin
Vorsitzende des Arbeitskreises Heimatpflege

Vorwort

Dialekte sind ein leicht zu unterschätzendes Merkmal früh erworbener Identität. Wer mit einer Mundart eng in Berührung kam, pflegt immer eine Verknüpfung zu diesem schwer zu löschenden kulturellen Gedächtnis. Gerade, wenn er die Heimat verlässt. Und wer in ihrer Nähe bleibt und gar nicht mehr aktiv Mundart schwätzt, behält den Dialekt als verborgene Landkarte bei. Unbewusst bestimme er immer noch mit, wo sich jemand niederlässt. Das registrierten im Jahr 2010 deutsche Wirtschaftswissenschaftler bei Forschungen über Mobilität.

Keine verborgene, sondern eine offen ausgebreitete literarische Mundartkarte will diese Anthologie sein. Sie versammelt Gedichte, Prosa, Szenen und Liedtexte über geographische Örtlichkeiten in einem reizvollen vielfältigen Raum. Er ist einer der vier modernen Verwaltungsteile von Baden-Württemberg. Der Regierungsbezirk Karlsruhe reicht von Bauland und Odenwald über den Rhein-Neckar-Raum, den Kraichgau und das Rheintal bis in den Nordschwarzwald. Würde man verkürzt von Nordbaden und Teilen von Mittelbaden sprechen, wären die schwäbisch geprägten Gemeinden und Kreise darin ausgeschlossen. Ihr Dialekt gehört zur Vielstimmigkeit zwischen Buchen und Bühl dazu. Vom *Hausch* in Walldürn, übers *Heisel* oder *Hẹisle* zwischen Rhein und Neckar sowie das Schwäbische *Hous* bis zum alemannischen *Hus* – solche bereichernde Vielfalt der Töne ist kennzeichnend für diesen Teil Baden-Württembergs. Die Mundart in der Kurpfalz, das Rheinfränkische, und das Alemannische südlich von Rastatt haben ihre bekannten Charakteristika. In einem breiten Band von Karlsruhe über den Kraichgau bis in den Raum Mosbach wird südfränkisch gesprochen. Wobei dieser wissenschaftliche Begriff von den Bewohnern selbst nicht verwendet wird. Man kennzeichnet die eigene Sprache als „Badisch“ oder nennt den örtlichen Dialekt als Bezugspunkt.

Die Vielfalt der Mundarten in dieser Anthologie wird noch verstärkt, indem historische und zeitgenössische Texte nebeneinander stehen. Vertreten ist Karlsruher Brigandedeutsch vom 19. Jahrhundert wie jene Stadt- und Regionalmundart, mit der Harald Hurst schriftstellerisch erfolgreich ist. Viele der älteren Texte pflegen noch unbeschwert die Gattung des gereimten Heimatlobs, während einige der heutigen Autorinnen und Autoren den kritisch-ironischen Blick bevorzugen. Anderen wiederum geht es um den liebevollen Blick zurück, sie benennen manchmal wehmütig die Veränderungen rund um Stadt, Land oder Fluss.

Der Arbeitskreis Heimatpflege im Regierungspräsidium schrieb seinen Mundartwettbewerb um den „Gnitzen Griffel" 2015 mit dem Thema „Stadt, Land, Fluss, Berg" aus. Ausgewählte Siegerbeiträge haben Eingang in diese Sammlung gefunden. Wie echte Landkarten kann aber auch eine literarische Mundartkarte weiße Flecken aufweisen. Die Inspiration von Orten und Regionen kann nicht überall eine gleich hohe Intensität erreichen. Aber wer weiß: Vielleicht regt diese Anthologie dazu an, neuen Heimatpunkten ein sprachliches Denkmal zu setzen und die Landkarte zu verfeinern. Damit *nuffzus, nunnerzus un newedran* die Mundart auch in ihrer literarischen Form Teil der kulturellen Vielfalt bleibt.

Ohne zahlreiche Unterstützung wäre diese Art von historischer wie aktueller Kartografie nicht möglich gewesen. Für viele wertvolle Hinweise sowie Recherchen danke ich insbesondere Gerhard Layer (Mosbach). Autorinnen und Autoren haben mir sehr kollegial Texte zur Verfügung gestellt und freundlich auf meine Anfragen reagiert. Außerdem erlebte ich eine große Bereitschaft von Nachfahren, Werke verstorbener Autoren aufzunehmen zu können. Reiner Schmidt vom verlag regionalkultur hat das Projekt geduldig begleitet. Für die akribische Umsetzung im Verlag sorgten Jochen Baumgärtner und Andrea Sitzler mit viel Verständnis für den Herausgeber.

Bei der Wiedergabe des Dialekts in literarischen Formen nutzt jeder Autor seine Freiheiten, auch wenn er es den Lesern damit nicht immer leicht macht. Die originale Schreibung wurde bei allen Beiträgen beibehalten. Nur in der Zeichensetzung oder bei wenigen ersichtlichen Irrtümern wurde die Vorlage behutsam verändert.

So unterschiedlich die Schreibweisen, das Jahrhundert der Entstehung oder der künstlerische Anspruch der Autorinnen und Autoren auch ist: Eines verbindet alle Texte dieses Bandes. Die Leit- und seltener Leidfrage: *Wo gher man no?* Diese literarische Mundartkarte versammelt erhellende und vergnügliche Antworten.

Thomas Liebscher

Kurpfalz und Odenwald

Hanns Glückstein

Achtung, Achtung, hier is Mannem

Achtung, Achtung, hier is Mannem!
's Lewenszentrum vun de Palz!
Nix im Umkrees lande kann 'm
Heeßt's aach manchmo, 's wär nix an 'm,
Is 's Neid unn Mißgunscht als!

Pälzer Luscht unn Pälzer Lewe
Unn de schönschte vun de Schtröm,
Arweit, Schaffensfreed und Schtrewe
Unn de Dorscht for Pälzer Rewe,
Alles is bei uns deheem!

Odewald unn Haardtrand grüße
Zu uns rüwwer aus de Fern,
Rhein un Neckar uns umschließe,
Unn die Mädelcher, die süße,
Küsse bei uns gar so gern!

Was m'r denke, was m'r dichte
Voller Frohsinn un Humor;
Pfälzer Sage, Uz unn Gschichte,
Pälzer Schnörkel, Schnitz und Schpichte
Babble m'r vernügt Euch vor!

„Mannem vorne!" heeßt 's heut fröhlich
Unn in alle Ecke knallt's,
's grüßt euch laut unn sunneselig,
Quietschfidel unn weinkrakehlig:
Mannem, 's Zentrum vun de Palz!

Schnitz: Aufschneiderei, Neckerei
Schpichte: Scherz, Ulk, Schabernack

Hans-Peter Schwöbel

Monnema Fetzä

Weit un lischt,
un die Sunn im Gsischt,
s' Bauland wächst ma unna die Haut,
moi Dorf is krumm un als Nescht gebaut.

Als klääna Buu wärr isch rausgerisse,
aus Badisch Sibirie – on de Neggaschdrond gschmisse,
Nowosibirsk, Buche, Ewwerschder Schloss,
isch wärr verschleppt – moi Häämweh is groß.

Häämweh noch Ewwerscht un de Ewwerschter Leit,
noch'm eiskalte Schloss un de Kinnazeit:
Än Graf hott Schlaach zwölfe im Trebbehaus gschbukt,
uff äm Hack-Klotz hott kobblos än Goggl gezuggt.

Im Hof gellt ä Sau ihrn Doodesschrei,
än Bolze schlaacht in de Hernschädel noi.
Donn werd se dief in de Hals noi gschdoche,
de Metzger duud Bluud- un Lewwaworscht koche.

Die Öffe ruuße, die Fenschda sin gfrore,
de Vadda hodd alläa zwee Weltkrieg valore.
Kur zum Dood: Schnaps, Moscht, sisch uffhänge, raache,
dursch de Schdrooßedregg grawwle, die Kinna vaschlaache.

Unsa dunkli Mudda is die schänschd uff de Welt,
zu esse hamma, awwa mir hawwe kä Geld,
im Schdäänische schdobbeln fa uns un die Säi,
mir Kinna helfe, mir sin imma dabei.

Weit un lischt,
un die Sunn im Gsischt,
s' Bauland wächst ma unna die Haut,
moi Dorf is krumm un als Nescht gebaut.

Monnem is groß, heeß, quadratisch un rau,
die Luft is voll Kohle un riescht gonz grau.
Die Häiser duun bluude vum große Krieg,
gedroffe vun Bombe, vorm große Sieg.

Laschda un Ponza brumme dursch Schdroße,
Neega om Lenga – schääne, schdaarge un große.
Isch will aa'n Neega werre, groß, schdarg un schää,
mit dunkle Aache un schneeweiße Zäh.

Än Schlaach uf die Gosch, wo Schlappohr sacht,
dem feige Piesack ä End gemacht –
än erschda Schritt zum uffreschte Gang,
vun do oo probier isch's moi Lewe lang.

Donn: raache gelernt, schlaache gelernt,
sisch schmegge, vadregge, verdraache gelernt.
Mit rode Bagge dursch de Kurpälzer Wind,
die weesch Hand, des sonft' Himmelskind.

Weit un lischt,
un die Sunn im Gsischt,
Negga un Rhoi fließe unna die Haut,
Monnem wärrd widda uffgebaut.

Nachts Säck im Haafe un Fässa schlebbe,
in Schdrooßekonnl gärwe, uf Däscha un Drebbe.
Om Rhoi gschorrdes Konnlwassa schlugge,
mid heeße Bagge in de Morgewind schbugge.

Im Bluud: Eel, Dreck, Benzin, Audoreife,
hungrisch dursch Filzbach un Jungbusch schdreife.
Noch Bier, Raach, Gier un Weiwa schdinke,
morgensbloo im Londsknescht weida drinke.

Moi Alde fahre iwwa den Fluss,
wo kääna zurigg kummt, jeder hie muss.
Nix hawwe se vermacht, nix do gelosse als,
moi schäänes Monnem, moi grieni Kurpalz.

Änes Daachs blieht ä Lilie uf de Prärie:
isch lern widda lerne – isch mach misch nädd hie!,
erschd in Konkordie, donn im Monnema Schloss:
isch wärr gerett, moi Gligg is so grooß.

Weit un lischt,
un die Sunn im Gsischt,
Negga un Rhoi fließe unna die Haut,
Moi Monnem is gleisch un heida gebaut.*

Weit un lischt,
un die Sunn im Gsischt,
Negga un Rhoi fließe unna die Haut,
Moi Monnem is gleisch un heida gebaut.

*„*Darum hab ich gewünscht, es solle sich Hermann auf Reisen*
Bald begeben und sehn zum wenigsten Straßburg und Frankfurt
Und das freundliche Mannheim, das gleich und heiter gebaut ist."
J. W. v. Goethe: Hermann und Dorothea, 3. Thalia, Die Bürger

Rudolf Lehr

Schwetzinge

(Auszug)

So ofd i mool im Schloßpark bin,
kommd mer de Kurferschd in de Sinn,
Carl Theodor, de Muusesohn,
mit souviel Kinschdler um sein Throon,
Genies mit Renommee un Rang
Un s Schloß voll Kunschd, voll Sang un Klang.

Was muß des dort e Ruuh gwesd sei,
kän Lärm, kä Audokurverei,
blouß Fleedespiel beim Kurferschdball
un ab un zu de Jagdhornschall.
Kä Blechlawine in de Gasse,
kän Busverkehr, kä Menschemasse.
Drum ischs e Glick fer jedermann,
wer heit im Park luschdwandle kann,
vorbei am grouße Herschbasseng,
durch wunnerscheene Lauwegäng.

Un s kann sich nimmand sadd dra(n) sehe,
an denne Tempel un Moschee'e,
an dem wu äam in d Aare fälld:
die Gschalde aus de Gedderwelt,
de grouße Pan, all die Dämoone,
wu haufeweis im Schloßpark wohne,
hautnooh an Speyer mit seim Doom,
sou nooh am Rhei(n), am Schicksalsschdroom.

Kurpälzer Land, viel Glanz isch annem:
Schwetzinge, Heidelberg un Mannem,
aa Laadeburg isch garnet weit,
e Prachtdschdick vun de Reemerzeit –
die Burje, Schlesser iwweraal,
im Oudewald, im Neckardaal,
dezu gheerd s deidsche Bliedewunner,
die Bergschtroß bis uf Weinem nunner.
E herrlich Ländel, s duud nix fehle,
mit lauder Perle un Juweele –
un middedrin – uns all sou nooh –:
Schwetzinge, s Schloß un s Rokoko,
s Theater, vum Pigage gebaut,
wu uns schun leewenslang vertraut.
Des alles kammer kaum vergesse,
de Park un s Schloß un s Schbargelesse.

Fritz Ernst

Heimat am Katzenbuckel

Bin werrer uff m Katzebuggel
un guck uff de Winderhauch.
Wie oft scho wor iich dort g'sesse
uff sellere Bank am Strauch.

De Wind geht iwwer die Felder,
biegt Halme leicht hi un her.
's is grad, wie wann d'Welle sich wiege
uff eme weite Meer.

Verstreet leie diwwe die Derfer,
in flache Mulde gebett't,
wie wann sie vor'm Wind unn Wetter
sich hätte schütze gewett.

Un ringsum steihn die Wälder
so still un so feierlich do.
Wie schö is doch des alles,
wie mächd des ee'm sou froh!

Bin werrer uffm Katzebuggel,
sitz dort uff de Bank un träm,
guck uff de Winderhauch niwwer
unn weeß: Do bin ich deheem.

Hanne Assion-Bausback

I bin widder d'heem

(Auszug)

I bin widder d'heem, mei Herz gejt mir uff,
sääh iich mei Dürn im Fohneschmuck,
im Glanz von Blumme und von Lichder,
und wu iich gej – bekanndi G'sichder.
Iich sitz im Geischt widder vorrem Hausch
Un die Mudder bringt mir e Schmierbrout raus.
Sou hab in der Fremm iich des oft gedreemt,
un jetzt bin i glückli: i bin widder d'heem.

Der Kaschtanieboom schtejt no wie immer am Ploo.
Er grüßt mit dausched Lichder droo.
Was häwwe mir als Kinn dort Denzer gedriewe,
bis höit is mir des in Erinnerung gebliewe.
All die miich kenne, lache mir zu:
Ja gett's dann des, bischt's wörkli Du?
Un jeder drückt mir sou herzli die Henn.
Wie gejt der's dann? Bischt a widder mol d'heem?

Ich konn widder die aalde Gäßli gejn.
Bei jedem Bildschtöckle bleib iich schtejn.
Des Bänkle gett's a no unnerm Apfelboom,
wo iich 's örschte mol mei Herz verlorn.
'S is annerscht worn, wie mir domools g'sunge,
und des Lied von der Treue is längscht verklunge.
Trotz allem: wie war doch die Juchend so schöö,
dröm gejn mir jo all sou geern widder heem.

Iich sitz höit nimmi uff der Schtaffel vorrem Hausch,
und die Mudder bringt mir a ke Schmierbrout mej raus.
Awwer iich wääß, wann's mir dauß nimmi g'fellt,
wann iich nimmi zuräicht kumm mit derre Welt,
dann konn iich heem un nei's Märzebrünnle –
do sitz iich dann lang, sou manches Schtünnle,
un üwwer mir rausche die aalde Bööm:
gell du hoscht Heemwej, dröm künnscht widder heem?!

Do wanner iich wieder zum Fukscheschtee
Ich möchte mei ganzi Heemet sähe!
Mei Herz g'hört scho immer dem Mühldaal dunne.
Wu hett iich je ebbs schönners g'funne!
Wenn ooweds dort die Newel schteiche,
säh iich die Meerfrääli im silwerne Reiche.
Im Dunkel sou manche G'schpenschter gejn –
die Mudder verzeejlt, un ich bin widder d'heem.

Kumm iich dann müd ins Schtädtle nei,
umfängt's miich sou herli mit warmem Schei.
Iich fühl miich geborche in seiner Hut,
un mööcht gar nimmi fort, denn do gejt's mir guud.
Vom Kärcheturm läude die Glogge zu Naacht.
In jedem Hausch wern die Lichder oog'maacht.
Iich meen graad, iich säh widder die Mudder schtejn:
Du wääscht doch, wann Naacht löit, do gejt mer heem!

Mir schtejt vor der Seel, was all schon vergange,
un wieviel Glück mir von der Heemet empfange.
Sie ist, trotzdem manchem Schicksalsschlaach,
die aald jo gebliewe, bis zum heutie Daach.
Der Waald, die Wiesche, es Schtädle am Berch,
die Schtrooße un Gäßli, es Rothausch, die Kärch!
Do bitt iich mein Herrgott ganz inschtänni dröm:
Erhalt mir mei Dürn, daß ich immer konn heem!

Dürn: Walldürn
am Ploo: Plan heißt eine Straße in Walldürn

Gustav Knauber

Haamed

Dort, wu die Palz noch Oschde zu
die Oudewäller Häng nuffklettert,
do liggt, in vielgrihmer Ruh,
mei Rohrbach, grad wie naagebleddert.

Mei Haamed isch's! E goldisch Schtick!
Vum Pälzer Land net wegzudenke!
En Flecke, wu sich s Erdeglick
uffs Neie däglisch dut verschenke!

Vum Helleschtaa zum Waadhaus nuff
glänzt wie e Perl der Gottesgaade.
De Seje liggt schun ewisch druff
uff unserm Fleiß mit Hack un Schbade.

Die Keersch, die ald, griißt weit ins Land
mit ihrm Geleit vum Buckl owwe.
Vum Milleberg bis naus en d Hand
kummt s Echo vun de Wälder drowwe.

Wann immer in de Kihle Grund
die erschde Sunneschtrahle falle,
do schweije in de selwe Schtund
im Dal drin alle Nachtigalle.

Am Owend setzt sich d'Sunn uff d Raa,
uff d Pälzer Berg, sell drifft's genauer,
un zind vun dort den Schtaabruch aa,
den roude in de Sigglsmauer.

Un alles ringsdrumrum ergliht,
als hedd e uusischtbari Hand vun driwwe
mit Leischtfarb, daß mer's weithii sieht,
s Wort ‚Rohrbach' an de Felse gschriwwe!

Waadhaus: Waidhaus
d Hand: ein Gewannname

Ilse Rohnacher

Heidelberg

Berg ohne Schloß
is wie
Brot ohne Salz

Tal ohne Fluß
is wie
Kerch ohne Parrer

Brick ohne Tor
is wie
Vogel ohne Fedder

Strooß ohne Leit
is wie
Wasser ohne Droppe

Herz ohne Schmerz
is wie
Heidel ohne Berg

Ilse Rohnacher

Obrigheim

Frielingszeit
E Liftel weht
de Neckar dampft
do kann doch was net stimme?

Summerzeit
un Sunn brennt
de Neckar dampft
do kann doch was net stimme?

Herbschtzeit
s Laab fällt
de Neckar dampft
do kann doch was net stimme?

Winterzeit
die Kält klirrt
de Neckar dampft
do stimmt was net

Anton Ottmann

Die Ritter vun un zu Walldorf

(Die Ähnlischkeit mit heit noch lebende Persune isch Absischt.)

Eines Tags hot die Göttin Moneta gnung ghat vun dem Gejumer vun de Walldorfer Stadtväter, dass hinne un vorne des Geld net lange dät, un hot vier edle Ritter gschickt: Dietmar de Hoppler, Hasso de Platte, Claudius de Wellereiter und Hector de Grieche. Mit däbei wår noch de Gelehrte der Schwarze Künschte Claus Tschirado. Die fünfe häwe sisch neigierisch en derre armselische Åsammlung von Baurehöf un Taglöhner-Hütte umgeguckt. Do isch Tischirado beim Begutachte vum Lehm-Bodde uff de Gedanke kumme, dass mer vielleischt aus dem geele Dreck Gold mache keent.

Wu des mit em Gold net sou rischtisch klappe gwod hot, häwe sisch die Herre oweds bei reischlisch Met zsammehockt, beratschlagt un die Friedenspfeif mit em Walldorfer Tuwack gråcht. Des Kraut hot zwar firschterlich em Hals gekratzt, awer å wunnerbar s'Ugeziffer vertriwe. Un dodäbei isch eines Tags dem Hoppler de Gedanke kumme, wie mer vielleischt reisch wäre keent, uhne den geele Dreck in Gold zu verwandle. „Nochrichte un Botschafte sou schnell wie de Wind iwerbringe" wår sein Vorschlåg: Vum Könisch zu seine Unertane, vum Kaufmann zu seine Schiffe un vum Ritter zu seinere Minne. Hector de Grieche hot schließlich ä Lösung gfunne: „Mer misse blous dene Pferde Fliggel an die Fieß binne, sou wie beim Hermes dem Götterbote".

Glei de nächscht Tåg hot sisch Tschirado en sein Keller zurickgezorre, um mit Hermes Verbindung uffzunemme, denn der mäscht net bloß for die Götter Botegäng, sundern isch å noch for die Magie zustännisch. Kaum hot de Tschirado en Sud aus Cannabis-Blume zum Koche gebrocht und sei Zauberworte gflischtert ghat, isch å schun aus em Wasserdampf en Jingling uffgetaucht, nackisch bis uff ä Wei-Blatt un mit eme wunnerscheene goldene Helm uff em Kopf.

„Die Götter haben von Euren Plänen erfahren und darüber beraten", hot er verkinnt. Dann hot er mit eme goldene Stab de Tisch en de Mitt vum Keller beriehrt un ruckzuck isch do druff ä Truh gstanne voll mit klåne Fliggelin, genau wie er sie selwer an de Fieß un seitlich em Helm geträre hot. „Da sind die Flügel für Eure Pferde. Aber die Götter verbinden ihr Geschenk mit Bedingungen."

„Mir sen zu allem bereit", hot de Tschirado ganz glicklisch un aus vollem Herze Antwort gäwe. „Mit dem Gewinn aus eurem Geschäft müsst ihr Gutes tun. An euren Taten werdet ihr gemessen werden, wenn ich euch eines Tages in den Hades abhole." Kaum gsåt, wår de Hermes schun wider verschwunne. De Tschirado hot net ämol Dankschee såre kenne.

In wenische Johre isch de Kurierdienscht vun dene Walldorfer Ritter, die sisch zu de „Societa Anonyma e Potentia" oder kårz „SAP" zsammegschlosse häwe, en de ganze Welt bekannt worre: Vun de Maure bis zu de Hunne, vum persische Reisch bis zu de Wikinger. Selbscht die Chinese hinner ihrer Mauer häwe vun dene gefliegelte Pferde erfåhre.

For die schnelle Reiter, denne ihre Gail un for die „Weise des Morgen- und Abendlandes", wu Geheimschrifte en alle Sproche der domolische Welt erfunne häwe, häwe sie vor de Tore Walldorfs ä groußi Burg gebaut. Un sie häwe sou viel Mägd un Knecht gebraucht, dass sie die aus de ganze Kurpfalz links un rechts vum Rhei, aus em Odewald, em Schwarzwald un ruff un nunner aus em Rheital holle gmesst häwe. Dann isch's ans Gold scheffle gange, å uhne dem Tschirado sei schwarze Kunscht.

For sisch selwer häwe sie Schlösser un Burge gebaut, häwe sisch bei Ritterspiele un Minnegesang verluschtiert un sen mit groußem Gefolge dursch's Abendland greist. Dabei sen sie net bloß em Kurfürstlische Hofe zu Heidelberg verkehrt, sundern å in alle grouße Adelshaiser Europas. Iwerall sen sie mit Ehrungen iwerhäuft worre. De Kaiser vum Heilische Römische Reisch Deitscher Nation hot ene å noch en weitere Adelstitel verliehe, sie häwe sisch fortan „Ritter vun un zu Walldorf" nenne därfe.

Walldorf, inzwische zur Stadt gmausert, isch vun de Abgawe der SAP immer reischer worre, hot en Marktplatz gebaut, wu's zwåmol en de Woch Wåre aus de ganze Welt gäwe hot, ä nobles Stadtschloss for die Ratsherre un ä Bad mit alle möglische Vergnigunge.

Es wär alles sou weitergange, wenn net eines Tags de Götterbote uffgetaucht wär, um die fünf an ihr Verspreche zu erinnere. Bloß wenn sie jetzt glej åfange däte ihr Geld unner d'Leit zu bringe, un zwår an die rischtische, dann wäre die Götter geneigt, Gnade vor Rescht ergeh zu losse. Hasso de Platte isch zur Strof glei en de tiefe Odewald verbannt worre, wu mer jo bekanntlisch schun än Vorgschmack uff die Höll kriegt. Hector de Grieche hot weiterhin en de

Kurpfalz wuhne bleiwe dirfe, awer sei ganze Beitel voll Gold, wu er unerm Bett versteckelt ghat hot, hot-er for die Muse von Mannem hergäwe misse.

Claudius de Wellereiter hot sisch aus gesundheitlische Gründe an die Gestade des Mare Internum zurückziehe därfe, damit er dort de arme Fischer un de veruglickte Matrose helfe kann. Tschirado schließlisch hot, uff de ausdricklische Wunsch vum Hermes en Heidelberg ä Laboratorium eröffnet, wu er wissbegierische junge Männer en die Geheimnisse vun de Schwarze Kunscht eigweiht hot.

Dietmar de Hoppler wår de ånzisch, wu sei Schloss en Walldorf bhalte gedärft hot, weil er schun die ganz Zeit en Haufe Gold vor die Jugend un derre ihre Ausbildung for edle Ritterkämpfe hergewe ghat hot. Ihm hot Hermes sogår for die Zeit noch seim Ablewe Hoffnung uff en Ehreplatz ganz en die Näh vum Zeus gmacht. Der bräuscht noch åner, wu em Rotschläg gäwe dät, wie mer die Olympische Spiele frei vun „Doping, Bestechung und Eitelkeit“ durchfihre keent. Die Botschaft hot dem Hoppler sou en Ufftrieb gewe, dass er en Wiesloch ä Stift for Doutkranke un en Mannheim un Sinshe ä groußi Arena vor edle Ritterspiele baue glosst hot. Er hot å kån Bettler steh losse, uhne dem en Golddukate en die Hand zu dricke. Besunners gfalle hot de Götter, wu er des Urecht vun seim Vadder gutgmacht hot. Der hot nämlich rund 60 Johr vorher, wu die Mäschte der Unnerwelt 12 Johr lang em Römische Reich Deutscher Nation ghersscht häwe, im „Heim der Hoffenden“ Mensche vertriwe, wu net bereit gewesst sen, die Götter der Unerwelt åzubete.

De geneigte Leser wood jetzt bestimmt wisse, wie des mit de „Ritter vun un zu Walldorf“ ausgange isch. Hasso de Platte, Claudius de Wellereiter, Hector de Grieche un de Zauberer Tschirado sen sou unuffällig verschwunne wie sie uffgetaucht sen. Dietmar de Hoppler hot mer noch lang uner de Hochwohlgeborene vun de Kurpfalz gsehe, å en de Arena vun Sinshe, wu er uff sei Kriejer, wu er in de ganze Welt eigekåft ghat hot, Wette abgschlosse hot. Un manchmol hot mer'n en seinere Loge tobe höre, wenn åner vun seine Recke aus em Sattel gschmisse worre isch. Awer å er wår eines Tags verschwunne, vielleischt vum Hermes persönlisch abgholt, wer wåß. Es keent awer å sei, dass die vier Ritter un de Zauberer går net gstorwe sen un bis zum heitische Tåg en de Kurpfalz umherirre, heimlisch Gold scheffle und wider vertåle.

Kraichgau

Mannheim
Rhein-
Neckar-Kreis
Neckar-
Odenwald-Kreis
Heidelberg
Rhein-
Neckar-Kreis
Landkreis
Karlsruhe
Karlsruhe-
Stadt
Enzkreis
Landkreis
Rastatt
Landkreis
Karlsruhe
Pforzheim
Baden-Baden
Landkreis
Calw
Landkreis
Freudenstadt

Marliese Echner-Klingmann

Kerchetirm

Monchmol
Wonn i hoomkumm
Do heewe sich
die Umriß
vun meim Derfl
gonz deitlich
vum Owerthimmel ab
em allerdeitlichschte
die zwee Kerchetirm
links der Turm
vun der
kathollische Kerch
e paar Meter
weiter rechts
de Turm vun de
evongelische Kerch

sie seje
fascht gleich aus
blouß der ooi
vun denne zwee Tirm
isch e Stickel heecher
raagt es bißl weiter
en de Himml nuff
wie wonn er
sare weed
ich bin em Himmel
der Wohret
e Stickl näher
awwer
wonn mer
dehinner guckt
sieht mer
dass do blouß
s Geld
e bißl weiter glongt hot

Marliese Echner-Klingmann

monchmol

monchmol
isch's gonz oofach
do zu leewe
du fihlsch di woul
rundrum
fihlsch di geborje
liggsch sicher
en deim Nescht
monchmol

monchmol
beim Stommtischscheiterhaufegschwätz
meegsch
kloikarierte Bretterwänd
eireiße
meegsch fort
devuu
lousrenne grad
so schnell wi d konnsch
monchmol

monchmol
wonn der's Nochberskind
e Straißl Gänseblimmlin
riiwerschmeißt
un lacht
un schäkert
kuddert hell debei
do geht der's gut
do fihlsch di woul
monchmol

monchmol
wonn sie widder
e alts Haus abreiße
em Wissedal die letschte
freie Flecklin betoniere

un Wisseweg
mit Teer zuschmiere
wonn's Houchwasser
widder en deim Keller steht
trotz Wasser Schutzwall Reje Rickhaltbecke
packt die de Zorn
do regsch di uff
un meegsch em liebschte
weit weit fort
wu onnerscht noo
monchmol

monchmol
meegsch
vor lauter Iwwermut
en d Blummewisse falle
Borzlbeem meegsch schlare
vor lauter Glick
meegsch di vun denne
geele bloe weiße Blummedupfe
straichle losse
meegsch spüre si
uff deiner Haut
meegsch singe pfeife
lache donze
mit de Vejl mit de Kinner
um die Wett
monchmol
isch's gonz oofach
do zu leewe
du fihlsch di woul
rundrum
fihlsch di geborje
liggsch sicher
en deim Nescht
monchmol

sou
un
monchmol
sou

Irma Guggolz

Kraichgau

S isch gar net viel Gewaldichs droo
Koin Strom, koi Berg, koi große Stadt
De Kraichgau biet sich leislich oo,
dem wu e Gspier fors Bsundre hat.

Er isch es uralts Bauralond.
S wagst alles: Waize, Obscht un Wei.
De Leit geht's Schaffe vun de Hond.
Sie senn sich for kooi Äwet z fei.

Die alte Burge uff de Heh
Verzehla viel Vergongehait.
Wanne als iwwer d Hiigel geh,
sähni die Därfer, weit verstrait.

Do logga Weg noch ohne Gwihl,
dorch Feld und Wald, vertrooimt un still,
De Kraichgau isch e Wanderziel
For jeden, wu sich bsinne will.

Irma Guggolz

Sulzfeld

Ih meegt mein Hooimetort vorstella:
S isch e groß Dorf mit Burg debei,
em Kraichgau zwischer Hiigelwella.
Bekonnt ischs dorch sein guder Wei.

Do isch en Menscheschlag rausgwagsa,
wu niemeds under d Kudda schellt.
Do gibts kooi Scheegschwätz un kooi Faxa,
wonns aa de Fremma net so gfellt.

Wer middes gschärrt, der hat s Vertraua.
D Warmherzichkait liggt gwieß net brooch.
Em schaffa, schaffa, Heisle-Baue,
do gehmer ganz de Schwoowe nooch.

S konn moncher do sei Brot verdiena.
Mir häwwa ziemlich Induschdrie,
un Bauera mit Großmaschina
stehn beschdens eigricht wisawii.

D Landschaft isch ooine vun de Zarda,
noch ohne Rummel un Gedreng.
D Sicht vun de Burg wie uffen Gaarda
un rings rom Wald un Räweheng.

S Dorf selwer isch en d Breede gonga,
schee eiklaid, Wohlstond drinn dehoom.
Und trotzdem packt ooim oft s Verlonga,
noch sellem Ort – vum Kindhaitstroom.

Under de Kudda schellt: schmeichelt

Thomas Heitlinger

Där Kraichgau

Där Kraichgau
Isch arg schee

na gut,
          d’Flurbereinichung
          d’Kanalisation
          d’Verbauung
un
          d’Schtrommaschder
awer sunscht
sunscht ischer arg schee

där Kraichgau

Elfi Neubauer-Theis

Noch em dritte Glas Riesling um Mitternacht zu singe:

Komm, Trost der Welt, du stille Nacht

Wonn sich de Sternehimmel iwwer de Kraichgau legt
mied un abgschafft
grad e paar Glitzer em fadescheiniche Hemd hänge hot
wischbern die Beem drauß em Wald
en Hund bellt irgendwu
un driwwe geht oi Licht ums anner aus
d'Nacht deckt alles zu
un s'bleibt hegstens
des Gfiehl vum Wald vum Himmel
e Stickl gottvergesseni Londschaft
zwischem Steinsberg un em Neckar
e paar Wiese mit ihrm Duft
e paar Bisch mit ihrm Geraschl
un des barmherziche Schwarz
wu sich iwer alles legt.
Do bisch dehom irgendwie
in dere Luft wu ma eckich denkt
mit dere Sproch wu Stachle hot.
Wärsch als gern devu gloffe
awer s'ghert alles irgendwie zamme
des komische Denke in dere eckiche Sproch
in dem buckliche Zipfl
mit dere abgwetzte Nacht
wu die Träum bloß noch n Windhauch senn
Driwwe em Horizont kummt de Dag
un lacht dich aus.

Elfi Neubauer-Theis

Kraichgau

Als kloni Grott hab ich glernt, dass ich em Kraichgau wuhn. Do drunter hab ich mir nix vorstelle kenne un in meine Ohre hot sich des komisch ogheert, scho alloi „Gau“! Odewald oder Schwarzwald – des hot en Klang, awer Kraichgau! Irgendwie war do en Beigschmack dabei, sowas wie vun geschdern, verstaabt, Hinnerland.

Der oder seller kummt ausm Schwarzwald klingt doch annersch wie ich kumm aus'm Kraichgau. Des secht doch kon Mensch. Erstens weil sich's so komisch oheert un zweitens weil de Kraichgau kon Mensch kennt. Un wonn ma gfrogt werre dät, was donn des iwerhaupt bedeit? Kraich? Gonz schee alt dät ma do aussehe. Deswege sag ich aa liwer ich kum vun Bischesse Na ja. Mittlerweile weiß ich, dass es en Kraichbach gibt, nach dem Kraichtal Kraichtal heißt, awer was en Kraich isch, weiß ich immer noch net.

Uf jeden Fall merkt ma im Kraichgau, dass die Leit ebbes Typisches an sich hawe: sie sen neigierig, usichtbar neigierig. Do konnsch dich mutterseelealloi uf de Stroß befinne, awer do konnsch sicher sei, dass hinner allene vorhandene Vorhäng Leit stehne, wu gucke, was du do machsch.

Un gude Ohre hewe sie außerdem: dene entgeht nix awer aa net des kleenschte bissl. Un donn geht's als: „Hosch scho gheert?“

Mit de Auge hewe sie's jo net so arg. S'kummt als schun emol vor, dass ma aus Versehe ebber absichtlich net gsehe hot. Onnerschrum is des nadierlich dabbich, wonn ma ausgerechlt vun solche Leit gsehe werd, vun dene ma gar net gsehe werre will.

Ihr Nas stecke die Kraichgaubewohner bevorzugt nadierlich in onnere Leit ihr Ogelegeheite: ma muss jo schließlich informiert sei un iwerall mitrede kenne. Un genau des isch a des Bsunnere, des Sympatische am Kraichgau-Bewohner: sei Redseligkeit. Iwerall kriegsch ugfrogt Informatione, do weisch innerhalb kerzester Zeit, was los isch: wer somstags sei Stroße net kehrt, wie's do un dort zugeht. Awer nie will oner was gsat hawe, gell! Un do derf ma nie de Fehler mache, selwer aa was wisse zu welle: sell isch schlimmer wie somstags d'Stroß net kehre. Do erfährsch koi Wort mehr. Un deswege kummt des, dass die Unnerhaltunge aa meischdens mit dem erstaunte Ausruf ofonge: „Ach du liewi Zeit, des wonn i gwisst hedd!“ oder „Ha, des hawi awer net gwisst!“ Un sell isch widder Grund gnung, steh zu bleiwe un alles durchzuhechle, was ma jo eigentlich net gwisst hot un bstimmt gibt’s irgendwu e Zipfele, wu ma bloß e bissl dro ziege muss un scho isch es wie e Sesam-öffne-dich un tausend Neiichkeite kumme ans Licht. „Do bisch grad baff!“ „Hedsch des gedenkt!“ „Des hab ich mir schun long gedenkt“ „So was gedenkt mer net, seid ich do wuhn“ un meistens wuhne die Leit zeit lebens do; des will also schun was heiße! Un was donn so alles ons Licht kummt! Kon Drehbuchschreiwer vun allene Heimatstories und Schwarzwaldgschichte hot koi sou Fantasie wie die Wohrheite, wu sich uf de Stroß verzehlt werre. Meischdens sin sie jo erfunne, awwer was dut des zur Sach: de Weg isch es Ziel, Hauptsach: gschwätzt isch! Erschtends erfährt ma do was Neies, zweitens konn ma des richtig schee ausenanner nemme un sich so richdich ufreege un drittens kommas weiterverzähle un sich erstens als besserer Mensch fiehle und zweitens als besser informiert und viertens steht ma im Mittelpunkt und fünftens kriegt man meischdens noch was onneres Neies verzählt. Zum Glick gibt’s donn noch irgend e Erwet, sunst täte die Leit ewig weitertratsche. Ich glaab de Stoff dät ene net ausgeh, weil womma nix meh weiß, hot ma gnung Fantasie sich was zu iwwerlege. „Stell dir vor, wonn er des gmacht hätt un net sell?“ „Net auszumdenke!“ „Ma muss jo als grad froh sei, dass ma net in dere Situation isch.“ „Iwwerleg dir mol…“ Sodom un Gomorrah werre beschwore un wond bei sou Gschichte koi Zeit mitgebrocht hosch, bisch en arme Deifl un kriegsch nie en Schimmer vun Gschichte long wie Tausendunoi Nacht. Die konn dir im Kraichgau fascht jeder verzehle.

Thomas Liebscher

Sinse richtig?

Vor em Ochse vun Sinse,
also vor der Wertschaft „Ochse“,
isch mol en Bus vorgfahre.
50 Leit sin ausgstiege un hen sich
ufs Esse gfreit.
Awwer des isch ausgfalle.
Sie ware nämlich im falsche Ochse.
Un im falsche Sinse.

Bassiert isch des in Sinse bei Bade-Bade.
Sinzheim mit Zett.
Der Bus heed ins annere Sinse gsollt.
Sinsheim mit S, im Kraichgau. Dort gibt's a en Ochse.
In dem hen sie vergeblich gwart.

Des Audo- un Technikmuseum, des suche immer mol widder
monche unnerm Fremmersberg,
statt unnerm Steinsberg.
Trotz Navi.

Denn wenn mer vun weither kummt,
muss mer schließlich a im Navi des richdige Sinse einstelle.
s liege schließlich 100 Kilometer zwische de Sinse.

Zu me Künschler, der zu ere Preisverleihung nach Sinse gfahre isch,
awwer bei de Bahn ufs falsche Gleis gsetzt worre isch,
hen se bei de Ankunft mol so schee gsagt:
Sin Se in Sinse, sin Se nie sicher, dass Se em richtige Sinse sin.

Thomas Liebscher

Der Kraichbach

Dem Kraichbach sei Quell liegt in Sternefels un des isch bissl kurios:
S'isch bloß en Bach, doch legt er am Stromberg los.

Der Kraichsee funkelt bald druf im Wald,
der Bach fließt nach Derdinge, weils ihm dort gfallt.

An de Ölmühl lockt de Kneedelkeenig.
Bei dem kommer esse und trinke – un net zu wenig.

Noch Derdinge heißt der Kraichbach „die Kraich“,
un dann erreicht er s Badische gleich.

Flehinge durch, am Schloss vorbei,
bald druf e Kläranlag mit viel Sauerei.

Gochze muss scharf umflosse werre,
vum Schloss owwe gucke gern Dame un Herre.

Minze zu gib's viel Kraichbach-Geschlängel,
newedran pfeift die Stadtbohn, drin viel Gedrängel.

In Unnerroise isch Kraichtal dann vollends ferdich.
Die hen noch e Wasserschloss un sin a recht erdich.

In Ubstadt will der Bach uf oimal nach rechts,
Hochwasserschutz wär jetzt nix schlechts.

Steffeld werd passiert – un Langebricke,
dort wo die Masseure d Kurgäscht zwicke.

Zwische Mengelse un Krone liegt net nur en Ascht,
sonnern Kislau, des Schloss mit em Knascht.

Dann mont der Kraichbach im Weschte wärs schee,
fließt durch Rot mim Golfplatz un noch St. Lee.

Reilinge, Hoggene, Ketsch – des Ende vum Lied.
Weil mer de Kraichbach im Rhoi verschwinne sieht.

Un so muss mer leider feststelle:
Noch 60 Kilometer isch der Bach
vollends de Bach nunnergange.

Thomas Liebscher

Mengelse un Langebricke

Vum Goldkepfel bis zum Philippsee
isch Langebricke ziemlich schee.

Vun Schloss Kislau bis zum Waldparkhaus
breit sich genauso schee Mengelse aus.

Zwei Orte, wo se O sole mio singe,
weil dort heiße Quelle springe

Thermarium un Sigel-Therme
dun die Leiber ziemlich wärme.

Frieher hot mer die Leit ins Schwefelbad glockt,
dann sin se e Weil sogar im Sex-Kübl ghockt.

In Mengelse un Langebricke isch was los,
manchmal a zuviel, seit 30 Johr warde se uf die Umgehungsstroß.

Die Leit heiße im oine Ort Bellm im annere Bender,
oder Gantner und Ganninger, Häfner und Heinzmann,
Ziegelmeyer und Zabler.

Zwei Orte mit Bad un die Leit dort sin unner oim Dach.
wer meh profitiert in der Ehe, dodriwwer gibt's immer mol wieder
e bissl Krach.
Nur net iwwer de gemeinsame Name vun Langebricke und Mengelse.

Dass net oiner immer hinne isch und oiner immer vorn,
heiße die zwei Orte halt zamme: Bad Schönborn.

Angelika Futterer

...wärrsch garnet gfroogt...

– e Zwiegschbräch mi'me Brusler Denkmal – *(Kurzversion)*

A: *Siehsch Bawett...wärsch frieher, wu i fascht jeden Dag noch uff Brusl kumme bin, schun do so uff dem Blätzl gsesse... hedd i di viel efders bsuucht...dir als mol iwwa 's Kepfl gschdraichld – wann a bloß in Gedangge- un e bissl bei'der uffgetankt...*

B: Jesses, jetzt wärr i a noch zu're Tankschdell gmacht...Was wolld'ern sunscht noch alles aus'mer mache?

A: *Bawett...Bawett, bleib ruich... s' war net bleed gmoant... seelisch ufftanke halt e bissl en junge Johre...ebbes bei'der abgugge, wu'ma selwer net ghat hot...*

B: Soso... Awwa heddsch'der do net liewa ebber raussuche wolle vun denne, wu uffe'mme heechere Soggl schdenn... Ebber, wu ma droa nuffgugge kann? Gugg mol, wie gloi i bin un wie weit unne i sitz...

A: *Ha, jetzt awwa...wie wann's do druff oakäm ... Warsch's net du, wu vun allenne, wu weida owwe ware, gedenggt un gschriwwe ghat hot: „Deß senn doch a grad Leit wie mir!" ??? Du warsch doch diejenich, wu sich vun nix und nimand hot ei'schichdere losse, gschäftsdichdich war un e richdichs gurarschierds Weibsbild, vun demm ma sich e Scheib abschneide gekennt hot...*

B: „...e Scheib vu'mer abschneide...", dess loss i mer noch ehnder gfalle wi'mi mit Sache vollzukreene, wu net zu'mer basse...
...'s war vor viellaichd zwai Johr – kaum dass i als Denkmal dogschdanne war – do henn si'mer bei Nacht un Newwl mol schnell e Wollkapp uffgsetzt un e Schäle um de Hals gebunne un dennooch hat dann ebba geschriwwe: „Babette friert und rebelliert"...weil do nemlich an derre Kapp noch so ebbes wi e gloane Jakobiner-Rosett' noagmacht war un en dem Schäle e feierroots Schdernl g'hangge isch... Als e Revoluzzern vun de Fronzeesisch Revolution hat ma mi seh wolle un als Kummunischdin... Mi, so gut katholisch wi i bin...schdell'der dess mol vor...!?

A: *Ha...ganz so abwegich isch dess jo net...hab'der jo vorhin schunn gsaagt, dass e gurarschierds Weibsbild gwest bisch...so e fixeferddichs... und wa'ma dann noch wie du Setz gschriwwe ghat hot wie: „D'Leit senn garnemeh zufriede, d' Grundsätz die senn gonz verschiede…", musch di aigendlich net wunnere…odda?*

B: O heer doch uff…i wärr doch wisse, was i bin un was net!

A: Reg di net uff, Bawett…i glaab der's jo…so ebbes hot sich immer glei…

B: …zumol… do schunn emol so ebbes en derre Richdung gwest isch…Un : du waisch jo, dass e gebrennts Kind 's Feier scheiit… Sell isch schun lang her…do hat's di nonet gewwe…Do war emol so e besseri Offizierswitfraa, wu a en Brusl gwohnt hat, e bissl jinger wi i…wu schun Biecher un awwa a viel fa d'Zeidunge gschriwwe ghat hat in de Hitler-Zeit… Schreiwe hat di kenne un dichdle…do war i nix degeeje…dess muss ma're losse … Die hat mi sogar mol dehoam bsucht…mi… oani aus'm „Riewever-ddl"(!)…un hat dann iwwa mi gschriwwe… 's war dann a en de Zeidung gschdanne…

E tibbischi „Wesensart des Kraichgaumenschen" kennd ma an'mer regischdriere… „der gemütstief und doch kritisch veranlagt ist, der sich nicht so leicht imponieren lässt."… Glorre hat si jo net un ebbes Falschs gschriwwe…

A: Awwa wu isch dann 's Broblem gwest?

B: Di war halt en sellere Bardei domols un e ganz Iwwazeigdi… wann waisch was i moan…?

A: Ja, kann'mer schunn vorschdelle, was d'moansch…dass dann manche schbeder gmoant ghat henn, du wärsch a en sellere Bardei gwest , weil die Fraa domols so viel vun'der ghalde ghat hot …

B: 's war jo schunn schee, dass die viel vun'mer ghalde hat…Awwa desweje muss i doch net a so gwest sei wie die, odda? ... I glaab, sie selwer war nemlich oane, wu sich – em Unnerschidd zu mer – leicht „imponieren" glosst hat un ebbes Bsunners seij wolld… Hab i me viellaichd oimol – wi die - mit mei'm Gschriwwenne hinner'me Mennernoame vaschdeggld, dass i ernschder gnumme wärr? Do bin i doch mit meine zwai Rieweverddl-Fieß viel zu fescht uff'm Brusler Bodde gschdanne un hab gwisst, was i bin un wu i noag'heer!

A: Also…e Mißvaschdendnis von deinere Person…willsch sage…odda ?

B: Ja, un koi gloans! Awwa – weil grad „Mißvaschdendnis" sech-sch…dess isch mer schunn bekannt … un d' Mißgunscht kenn i a (numme zu gut) …Awwa was haißt'n dess „Miss" eloij ? … Di henn mi nemlich – dess Bildl mischtsch doch a gseh hoa en de Zeidung em Jonuar – masgierd bis zum dortdriwwernaus zu de „Miss Heimattage 2015" mache wolle...

A: *E „Miss“ isch …d’scheenscht Fraa vun…*

B: …de Heimatdäg…??? Oh liewe Leit…heer mer bloß uff! I war em Leewe immer e sauwers Weibsbild (hot ma wennigschdens gsaagt)… Awwa wann i zerscht so masgierd wärre sollt, wi ma’s do mit’mer gmacht hat… dass i d’scheenscht Fraa vun de Heimatdäg bin… do pfeiff i doch druff! Ha, em Leewedag wär i doch net mit so schraiende Farwe rumgloffe… net emol an de Fasnacht!!!
„Aufgehübscht“ hedde si mi ghat, schreiwe si dann noch…dess, dess isch doch en Hohn un sunscht nix… Sags’enne numme: I war un bin’mer schee gnuug!
Un iwwahaupt…was hat’n d’ Schee’hait mit de Heimatdag zu do…?

A: *Hm…nix, hosch recht: vahehne musch di net losse…fa dess sitzsch gwiss net do an dem Blätzl ! … Siehsch Bawett, jetzt si’mer bei demm, wu i di eigendlich schun die ganz Zeit hab frooge wolle, seit e Denkmal bisch: wi dess so isch, wa’ma oans isch…*
…dann oans isch glar jetzt: ob si’der e Wollkapp uffsetze odda e Narrehaub’, di uffwärme wolle odda moddle odda veruuschdalde… wärrsch garnet gfroogt…

B: Hajo… so isch’s scheijns halt, wa’ma so e Denkmal isch…was will’ma mache ? Ferddich ab… „So isch’s worre“!

A: *Ha, Bawett, jetzt awwa…dess isch doch heit net ’s End vum Lied, odda ? Du hosch nemlich e bissl in di neiglacht, wi dess grad gsaagt hosch – hab’s genau gseh’ – Un wann oani wi du so’n Satz so lässich sage kann…dann isch doch do noch ebbes dehinner….? Willsch net endlich zugewwe, dass’d’ers meh wi gut gedoah hot, dass so en junge un gut aussehende nette Mann vum Kraichgau-TV noch derre bleede Masgiererei so umdriewich war un noch de Iwwltäter gsuucht hot, sich dann denooch riehrend um di gekimmert, di en Arm gnumme un leis uff die neigschwätzt hot un di gedreescht’??? „Liebe Babett’…“, hot er di debai oagschbroche…(un dess hot so leicht Fronzeesisch geklunge…) Sag jetzt numme net, du heddsch’s net gnosse…!?*
Hm ??? - Siehsch Bawett: S o … isch’s nemlich a worre!

In Bruchsal gibt es seit Mai 2011 den Babette-Ihle-Platz zwischen Anton-Wetterer-Straße und der Stadtkirche. Die Einweihung des Bronzedenkmals zur Erinnerung an diese ehemalige Bruchsaler Marktfrau und Mundart-Schriftstellerin Barbara Ihle (1871–1943) war am 9. Oktober 2013.

Wolfgang Müller

E runde Sach

Oimol im Monat
nemmt de Halbmond
sei bessere Hälfte
so in de Arm
dass des am Nachthimmel
für alle sichtbar
e runde Sach ergebt

Wenn
alle Mondgugger
un Nachtkrabbe
dann endlich im Bett sen
gennt sich des himmlische Pärle
hälinge
e Vollbad
in de Pfinz

Rheintal

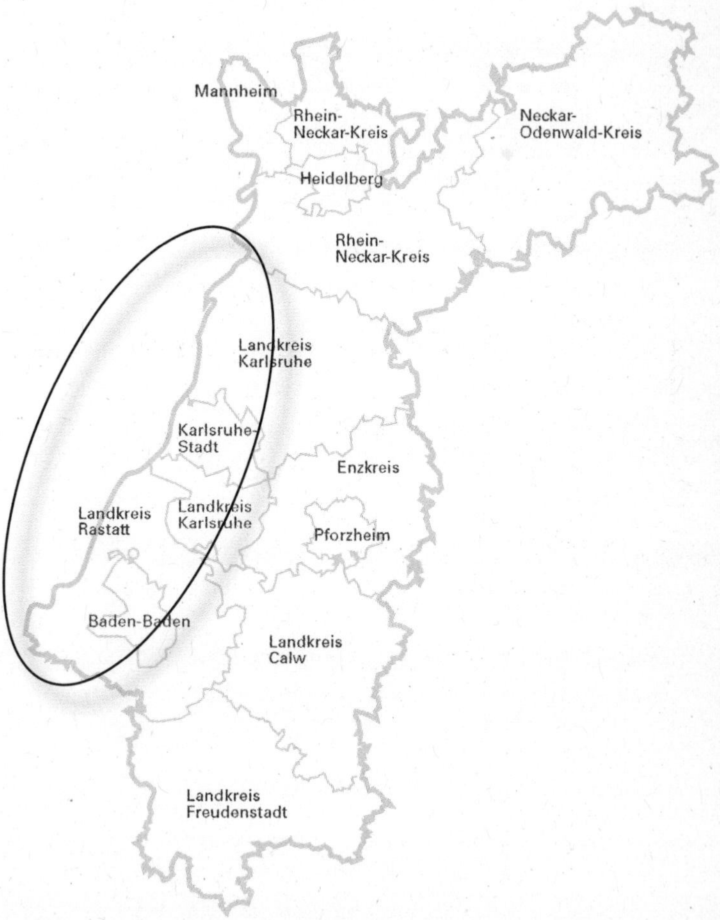

Mannheim
Rhein-
Neckar-Kreis
Neckar-
Odenwald-Kreis
Heidelberg
Rhein-
Neckar-Kreis
Landkreis
Karlsruhe
Karlsruhe-
Stadt
Enzkreis
Landkreis
Rastatt
Landkreis
Karlsruhe
Pforzheim
Baden-Baden
Landkreis
Calw
Landkreis
Freudenstadt

Thomas Liebscher

Wogheisl

D Nas meld oim nimmi, dass Herbscht isch.
Koi Rieb liegt mehr dort, wo die Transporter abgeborre sin.
Koin Arbeitsplatz kann meh vererbt werre.
Es war net leicht, Dag und Nacht zu schaffe
oder Dag und Nacht die Riewe nohzuschaffe.
Jetzt leicht nix mehr iwwer de Rhoiebene in de longe Nächt
vun September bis Dezember.

S ging so aus wie 1848.
Die Zuckerfabrik isch long verdeidigt worre
un war doch net zu rette.
Zu kloi war des groß Ding, des mer noch vun weitem sieht.
Die eltscht Zuckerfabrik hot ihr Dompffohn eiziehe misse.

1837 isch die Urgroßmutter oiner Induschtrie noch Wogheisl kumme.
Sie hot viel gebrocht un wennich kabuttgmacht.
Die Fabrik hot immer was noch elders gschitzt.
Des Schlessl Eremidage hot länger glebt mit de Fabrik drumrum als ohne.
De reiche und spendable Nochber hot sich devugmacht
mit viel Sidzucker.
Jetz steh'n zwei Denkmäler zamme leer rum.
Ihr Zeit isch um,
nur noch Erinnerung.

De längsche Atem hot de eltschte und stillschte Nochber.
S Kloschter isch noch koi Denkmol.
Vielleicht weil dort nix zum Kaafe produziert wird,
un grad des brauche noch manche Leit.
D Wogheisler Sunn awwer isch unnergange
un lebt nur noch im Dialekt.
Die Wogheisler Sunn macht weiter
Monchen saure Woi sießer.
A wenn die Sunn versetzt worre isch.

Die Zuckerfabrik stellte am Jahresende 1995 ihre Produktion ein.

Christian Heneka/Marcel Kohn

Do gher ma no

(Ein Liedtext)

Refrain:
Lass doch mol die Kerch im Dorf
Verzählma de Leid, wo gher ma no
Heit verschdehd uns d'Hälft halt net
Denn heit schwätze ma Dialekt

Strophe Eins:
Do singe ma oin, do gher ma no, do simma dhoim, die Kerl vom Dorf
Do singe ma oin, do simma dhoim, do simma zufriede, simma gebliewe
als Kinner von diese Hinnerwiese, em Kalleberg un em Bombeloch
allerweil komme halt noch e paar Erinnerunge z'rick
wie ma hinnerum üwa d'Brick zum rauche sin Rabauke im
Hiehnabüschle d briederliche Dorfbaggaasch im Chor do hasch
die annare Knabe, die Cannabis kafe, zum Baggasee lafe und nackich do bade
weil se hackedicht ware – noi – aba des üwa annare Leit sage
weil se nix von de Welt verstehe, imma nur des selwe se'e
die Hälft verdrehe und d Reschd net kenne – hajo – alle verschpern denne
die Hoor vom Kopf im Dorf verschdopfd manches d'Blick nach drausse
aba nur wer sich umguckt hat a s eigene Glick vor Auge

Strophe Zwei:
Mir schwätze Dialegt do im Neschd
Zwische Neidard, Grobach un Schbeck
Zwische Brusl und Schdudesee
Liegt mei Kaff Bichenau, wunnerschee
A Perl in dem Badna Herz
Mitm Oins A Schbargel, des hatma ghert
Hasch du des net gwisst, des isch sicher wie n Bubbel nachm Wefzesschdich
Jetzt wäsch dei Gsicht un dei Griffel machsch mit noch
Bevor de glei an de Disch hoksch und neischwadsch
De gloi Zwuggel wie de Obba mitm Geißbart

Der immer frogt: hasch in de Schul schon n Schorsch ghat?
Un de Gloi nix kabiert, weila Dorscht hat un eh net zuhorcht
Ja so ischs Lewe im Kuhdorf
Wo die Dradschweiwer sage: Du horch!?
Hasch des odda sell scho gwisst sag?
Un kennsch die Gschicht vun dem Elwedridscha?
Kannschs Konfideor so wie n Messbuh?

Egal, gnug gschwätzt, jetzt du!
Lass doch mol die Kerch im Dorf
Verzählma de Leid wo gher ma no
Heit verschdehd uns d'Hälft halt net
Denn heit schwätze ma Dialekt

Else Gorenflo

Kinner vun de Hardt

Mir sin die Kinner vun de Hardt,
e bissel sandig, grad un ewe.
An uns hod mer scho immer gspart.
Koin hocher Berg gebts zu erstrewe.
Des Schaffe frieh scho oerzoge.
Zum Glick war d'Residenz net weit.
Die hod uns mächtig ogezoge.
Do sin mer noh vun Zeit zu Zeit.

Mir sin die Kinner vun de Hardt,
so eigebettet wie de Rhei,
den mir uff mancher Wanderfahrt
zum Schwimme üwerquert hen frei.
Mir hen die Welt noch üwerguckt;
Denn alles war begrenzt un kloi,
die Schatteseite nunnergschluckt.
Un unser Brot war hart wie Stoi.

Mir sin die Kinner vun de Hardt,
e bissl sandig en de Worzel.
Mir hen ned gesse à la carte,
uffgwachse zwische Duwakstorzel.
Mir ware längst ned alle gwollt.
Uns hod mer d'Flügel frie scho gschnitte.
Reglos hen mir Tribut gezollt.
Brav hen mer 'Danke' gsagt un 'Bitte'.

Mir sin die Kinner vun de Hardt.
Mir schüttle nie de Sand ganz ab.
Was uns geprägt hot en de Art,
halt uns e Lewe lang uff Trapp.
So, wie de Landstrich, flach un karg,
em Sand verlaaft, ganz ohne Gipfel,
so sin die Kinner vun de Hardt
dort noch dehaam mit jedem Zipfel.

Heinrich Zwecker

De Hammeberg vun Linkene

In Linkene, do gebt's an Berg,
Des isch de Hammeberg;
Vegliche mit de annre Berg
Isch's nor an kloine Zwerg.

Do gebt's, veschteckelt am Gebisch,
Platz, fascht mit „Iwwer-neigung",
Wer kuraschiert un gwitzecht isch,
Macht do sein „Erscht-beschteigung"!

Als Buwe hen-ma's ausprowiert,
Do hat-ma so Kapritze...
Mir hen als nimme d'Knoche gsschbiert
Vor Ruff- un Nunnerflitze.

Un d'Hose hen als Lecher ghat
Un d'Strimpf und d'Schuh un d'Kittel,
Do hat koi Schelte nix gebatt,
Koin Felschitz un koin Bittl.

Un d'Mutter, die hat a net glacht,
„Reißdeifl!" hat se gschraue!
No hat se sich e Schteckel gmacht
Un hat-me himmlsdinn vehaue.

Ja, ja, die herrlich Jugendzeit...
An Trottl isch's, wer die vergesst.
Kommt oiner schpäter noch so weit –
Am Hammeberg isch's scheena gwest!

Felschitz: Feldschütz
himmlsdinn: sehr kräftig

Ludwig Eichrodt

Rheinschwaben

Do steh ich ufem hoche Dhorn,
Guck ummi ’rom un krieg e Zorn,
Daß dort der schuftig Newel steht,
Un ’s isch am End kei Aussicht net.
Grad vor d’n Auge awer liegt,
So brechtig d’Stadt, in d’Baim ’neingschmiegt;
Nach Norde ziegt der endlos Wald,
Kei Wunder, daß so Grien aim gfallt.
Im Siede glenzt e Wieseflech
Un glitzre Derfer uf un Bech;
’s geht also so fort, ebbs ain verdrießt,
Bis d’Ewene im Himmel fließt.
I hab mer’s denkt – der Newel weicht,
un wonderschen werds noch verleicht,
Guck nor, am End vom große Wald
Hebt sich e kenigsblaue Gstalt.
Der Kenigstuhl am Neggar? – doch!
De Melebogus driwer noch!
Un links der Donarsberg im Durft,
D’Haardt un d’Vogese, was e Luft!
Im Oschte steht, ’s isch maischt eso,
Der Schwarzwald-Dowel finschter do,
Um d’Hornusgrinde lege sich
Vom Siede her – e blauer Strich.

Un mitteldrin der herrlich Rhein!
Er blitzt un glieht im Sunneschein.
Do komm jetz Ainer her un schelt’,
Langweilig wär’s uf dem Stick Welt.

Dhorn: Turm
Rheinschwaben: vom Autor 1868 verwendete Bezeichnung für die Gegend des Rheintals in Mittelbaden

Friedrich Gutsch

Unser Thiergaarte

(Auszug)

Alderle, i sag D'r, d'r Thiergaarte isch fein
Des Johr; – 's batt alles nix, do muss m'r nein.
Wammer sich tüchtich will verluschtire,
Odder d'Familie schpaziere führe,
Odder e schöne Musik will höre,
Odder en guter Kaffee begehre,
Geht m'r, halt einfach als nowler Feger
Anschtatt uf Durlach zum Holleweger.
Die Durlacher thun bei uns ah nix verzehre,
d'r Thiergaarte awwer muß hier sich ernähre.
Jawohlich, der thut von de Karlsruher lewe,
(…)
Mir sinn also letschthin, mein ganze Familie
Im Sonntagsschtaat, rausputzt mit Schleifen und Schnillie
Un waß m'r sich sonscht noch vor Flitter ufhalst,
Mitenander naus in d'r Thiergaarte g'walzt.

Hotz heilich Milliarde, isch der rausranschirt,
Hawich emol denkt, un mein Kinder rumg'führt;
Die hen ihr Pläsir an de Kakadu g'hat,
Herngege de Emu hawich uf d'r Latt:
Kaum dreht sich mein Fraa un guckt nachm Reiher,
So freßt die Kanallie von hinten ihr Schleier.
Des kamm'r noch brauche bei denne Fleischpreise,
Do g'falle mir besser die Schäfle, die weiße,
Die Wellebabbegeie un die Goldfasane,
Die Storchen und Pfauen un Puterhahne.
„Vatter, jetzt guck doch dem Ding emol zu!"
Ruft mein klein Büwle bei'm Känguruh,
„Was des do vor Füßle hat un for en Schwanz
Un in seine Aeugle en lieblicher Glanz,
Un guck emol dort denne Hirschle ihr' Kälwer,
Gell Vatter, die machen ihre Junge selwer?"

„Natürlich," sag 'e, „du dappicher Bu,
Etz laß me emol mit dem G'schwätz in Ruh,
Komm weiter, m'r gehen zu de Bäre nüwwer,
Gew Acht uf die Wurzle un stolper net drüwwer!
I sag's jo, do liegsch etz, so nemm De doch z'amme,
Sonscht bleibsch for's nägschtmol daheim bei d'r Mamme.
Bitt schön, Lisett; Muschko, do hennt'r noch was!
Jetz komm, Büwle, alleweil kommt e frisch Faß,
M'r gehn eweil niwwer in d'Wirtschaft un basse,
Bis d'Andere widder sich sehe lasse.
Du b'schtellsch D'r e Brezel un ich guter Schinke,
Do könne m'r ah widder g'hörich druf trinke.
Was Deifels heut nor ah d'r Wirtschaft einfallt,
Dreiviertel Schtund waarte, „non kriege mer's bald?"
„Gleich, glei," sagt 's Mädle, „i möchte nor zehn Händ,"
„Jo", sag'e, „'s wär besser for d'Wertschaft am End
Wann mehner Bedienung do wär un mehr Mädle,
So giengt bei Euch Sonntags die G'schicht wie am Fädle.
Die Schpeise sinn gut un 's Bier ewefalls,
Nor fehlt's an Bedienung Euch, sell meine als!"
(…)

's batt alles nix: es nützt alles nichts
Schnillie: raupenförmiger Besatz an Kragen oder Ärmeln

Werner Puschner

Gondoletta

„... So lass ich mir des gfalle ... Des isch d'ideale Reisegschwindigkeit ... Do siehsch wenigschdens was ... Guck die Ent, die dädsch vom Auto aus im Lebe net sehe ... S'muß e Männle sei, die nennt ma bei de Ente Erpel, so e buntes Gfieder wie die hat, im Tierreich ischs nämlich oft grad umgekehrt ... Die schwimmt uns nach ... Mir fahre genau Entegschwindigkeit ... Ich schätz fünf km/h ... Hoffentlich bleibt der Schwan, wo er isch, der ragt mit seim lange Hals glatt über d'Reling ... Die solle ziemlich aggressiv sei ... Ob die Zähn habe? So en Schnabel im Aug, wenn der ausholt mit seim Schwanehals, däd des schon lange ... Paß uff dei Veschperdäschle uff, lehn dich net so weit naus ... Ich vertrag jo sonschd s'Schiffahre net, mir wirds sofort schlecht ... Hier gehts, weil ma jederzeit d'Orientierung behält uns überhaupt net schaukelt, ganz leicht e bißle bei dene zwei Richtungswechsel, aber do kann ma sich druff eistelle ... Ich fahr net oft, ab un zu halt, nur bei schönem Wetter un werktags, s'isch in de Jahreskart für de Stadtgarte net mit drin, des koschd extra ... Was meinsch, Bu? ... In Tripsdrill un im Europapark isch alles inklusive außer Pizza un so ... Des kann ma jo eigentlich net vergleiche ... Jetzt sieht ma gleich d'Elefante ... doch net, die sin noch in ihrm Haus ... Heut ischs arg ruhig, deswege isch au kein Poschde im Kontrollhäusle ... Sonntags als schon, Pfingschde un so ... aber do geht ma au net in Zoo, do isch jo rappelvoll, des isch e Qual für die Tiere ... Un wenn do Gondoletta fahre willsch, stehsch erschd e mol e Viertel Stund a ... Un nachher sitzt da noch jemand Fremdes im Rücke, do kannsch jo noch net e mol sage, was de denksch ... Hinner dem Hügel isch de Rosegarte ... D'Blüte geht grad los ... Die Bootlen hänge an Kette, ich vermut die laufe über en Elektromotor ... des isch alles unner Wasser ... Ganz früher hats Ruderboote gegebe un e paar Motorboote, des isch lang her, do war dein Baba noch en Bu so wie du jetzt ... Des ging heut nimmer ... Do däd jo jeder hiefahre, wo er wollt ... Und d'Jugendliche däde bloß Blödsinn mache mit de Ruder ... d'Ente ärgere ... Herrschaft isch des gmütlich ... Gfallts dir? ... Jetzt sin ma glei do ... Beim Aussteige musch de e bißle beeile, un net uff de Rand trete, sonschd kippelts ... oder solle ma grad sitze bleibe un widder zrück fahre? ... Also gut, steige ma halt aus ...

Un jetzt … Wo gehe ma weiter hie? … Komm, Bub, do vorne bei de Flamingos isch e Bänkle frei, mir gucke denne e bißle zu, wie se uff eim Bein stehe …

Walther Barth

De Holzbierebuckel

(in Knielingen)

Gehsch in'd Borjau iwwerd Brick
uff de Schnellstrooß gugsch mol z'rick,
siehsch en Berg grad vorder hocke.
Hand uff's Herz, des isch en Brocke.

Machsch halt schnell die Auge zu
Denksch mol z'rick in aller Ruh,
siehsch die Fohle, wie se trawe
uff de Waid am Gras sich lawe.

Un grad genau uff sellem Bodde,
do sieht mer heit den Buckel hocke,
er tragt als Kronenschmuck genehm
Ä Wetterhitt un junge Beem.

Do falld mer ei, ich denk jetzt laut,
die Stadt hat unser Kreizlen klaut.
Die senn so still un leis verschwunne,
do heddese ä Plätzle g'funne.

Den grad for'd Bire ganz alöi
en Berg aus lauter Sann un Stoi.
Jetz musse doch mei Schnawwel wetze,
do kennt mer a die Kreizlen setze.

Un Hoimatdenke det's wohl nähre,
wann owwe druff die Kreizlen wäre,
ja, als Symbol von unsre Gschicht
nord het der Berg sei richdich's Gsicht.

Den ohne Zweifel uff dem Brocke,
kannsch schbeder mol im Schatte hock.
Nord wird's jo erscht in dere Heeh
Dort uff dem Birebuckel scheeh.

Fritz Romeo

Der Dammerstock

(Auszug)

E jede Stadt hat irgend was
Wo äußerst int'ressant,
Doch Karlsruh schießt den Vogel ab
Vom ganz badisch Land.
[...]

Mit henn en Lauterberg, auf den
Isch unser Karlsruh stolz;
E Burg steht owe, wo die Stein
Bestehn aus lauter Holz.
[...]

E Hirschbrück henn mer, wo mer nie
Kai Wasser drunter sieht.
Dann hawwe mir e Vogelwart,
Wo d'Vögel werre g'hüt.

Auch henn mir noch e Autostraß
Im Hardtwald, s'isch e Pracht,
Doch sieht mer nie e Auto dort,
Weil kein's den Umweg macht.
[...]

Dann hawe mir e Rheinstrandbad,
Dort bade d'Leit en block.
Doch s'Interessant'schte, was mir henn,
Des isch der Dammerstock!

Die Siedelung, die sieht zwar aus
Als ob's e Zuchthaus wär,
Un wohne soll mer auch dort drauß
Mitunter sehr prekär.

Die Häuser dort, die hawe wie
Im Orient kei' Dach,
Mer sieht kei' G'sims, kei' Ornament,
Die Wänd sin dünn un flach.
Un wer dort drinne wohne will,
Un gar noch mit sei'm Schatz,
Duht gut, er braucht e Hungerkur,
Sonscht henn die zwei kein Platz.

Braucht eins en Föhn, damit's sei' Haar,
Sei' g'waschne, trocke kriegt,
Kommt's vor, daß sich beim Nachbar durch
Den Luftdruck d'Wand verbiegt.

Vor lauter Fenschter bringt mer kaum
Im Winter d'Zimmer warm,
Un bis mer d'Kohle hat bezahlt,
Da isch mer bettelarm.
[…]

Ein Gutes hat die Siedlung doch,
Trotz ihre dünne Wänd,
Es kommt kein Schwamm in so en Bau
Von Eise un Zement.
[…]

Harald Hurst

S'Gflügelviertel

Adlerstraß
Entegaß
Fasanestraß

Kind g'wese
in dem Viertel

dort wird d'Miete
mit'm Revolver kassiert
habe d'bessere Leut g'sagt

aber kai Sorg

e schwüle Nacht
un des Geld
von de bessere Leut
war widder drin

Harald Hurst

D'Idioterennbahn

Unser Hauptg'schäftsstraß, d'Kaiserstraß, haißt im Volksmund „Idioterennbahn“. Warum? Des isch net leicht zu erkläre. S'isch mehr so e G'fühlssach, e Feeling. Mer muß halt mitrenne, wenn möglich an 'eme verkaufsoffene Samsdag. Dann waiß mer's. Aber dann g'hört mer a scho zu dene ... also zu dene Leut, wege dene des Kilometerle Straß so haißt. Bitte, innerlich kann mer sich natürlich von dem große Haufe dischtanziere. Bloß – des nützt halt net viel. Des mache jo alle, die dort mitrenne. Deshalb schimpfe alle Leut wie verrückt über die viele verrückte Leut samsdagsmorgens in de Stadt. Un alle sin so e bissl aggressiv, weil die annere a do sin, ausg'rechent dann, wenn sie mol in Ruh ei'kaufe wollte.

Wie g'sagt, an solche Samsdäg isch Hochbetrieb uff unser Idioterennbahn. Dann sin se alle do, die Städter un die vom Umland. Neuerdings renne a noch unsere Landsleut aus'm reale Sozialismus mit, noch zu langsam un unsicher in de Beinarbeit, aber scho mit dem typische Blick ins Leere. Un alle wolle so schnell wie möglich en Parkplatz so zentral wie möglich, daß se möglichscht viel ei'kaufe könne un so wenig Schlepperei wie möglich habe. Alle wolle was, des g'fallt und paßt. Preiswert soll's sei, oder noch besser, billig. Aber uff alle Fäll e gute Qualität, kai Lumpezeug. Des Qualitäts-Preisverhältnis muss stimme, des treibt alle um. Mer laßt sich überall was z'rücklege und kommt nimme, weil mer nie genau waiß, ob's net irgendwo in den Stadt die gleich Qualität billiger oder e bessere Qualität zum gleiche Preis gibt. B'sonders d'Fraue suche oft nach Sache, von dene se sich net vorstelle könne, daß es die net gibt. Alles drängelt, schubst, schieb, weicht aus oder a net, scharrt bei de Ample bis Grün kommt, rennt dann los und trampelt alles z'samme. Rechts d' Kaiserstraß hoch, links d'Kaiserstraß runner. Un des Ganze nochemol un nochemol, wenn's sei muß. Jeder Querstrich uff'm Ei'kaufszettel isch en klainer Sieg in dem Feldzug.

Un irgendwann isch's dann soweit – d'Idioterennbahn-Feeling stellt sich ei: Mer hat Zeit un rennt trotzdem mit. Mer will nix kaufe, un plötzlich hat mer an jedem Finger e Plaschtiktüt hänge un en Karton unner'm Arm. S'wird ai'm so durmelig im Kopf, so schwummerig vor de Auge. Mer guckt bloß noch un sieht nix meh. Nur noch G'sichter, die aim'm wie Ei'kaufszettel entgegeflattere. In so'me ähnliche Zustand hat mein Freund, de Fritz, en böse U'fall g'habt, en Rennunfall sozusage. S' war dort, wo d'Waldstraß, vom Schloß her kommend, unser Idioterennbahn kreuzt. Dort sei ihm e Frau entgegekomme, e wunnerschöne, hat er verzählt, er könnt se gar net beschreibe. Jedenfalls genau sein Typ. Auge hätt se g'habt, so e warmes Braun, also Auge wie polierte Haselnüß. Un schwere, blauschwarze Haar. Wie em Winnetou sei Schwester domols, in dem Film mit'm Pierre Brice un'm Lex Barker. Ob i den Film net g'sehe hätt. Aber des wär jo jetzt wurscht. Un unner ihrer Blus hätt's bei jedem Schritt so g'hupft, als däd de Deufel Billard spiele. Ach, de Fritz, er kann so schön verzähle, wenn er ins Schwärme kommt. Wie a'gwurzelt sei er stehe gebliebe, hätt förmlich nach Luft g'schnappt. Die hat er nochemol von vorne sehe müsse. Sowas sieht mer net jeden Dag, hätt er sich g'sagt. Er also z'rück, am Bordstain entlang, daß er net gege den Menschestrom a'kämpfe muß. E paar Meter. Do isch se. Er zieht gleich, zieht links vorbei, guckt nach rechts zu ihr rüber. Er rennt noch e bissl schneller. Vielleicht er sogar en Blick von ihr … dann hätt's doing gmacht, hat er verzählt. Wie in dene Comic-Heftle – „doing"! Mit aim Schlag sei die Kaiserstraß stockdunkel g'wese. Feuerwerk hätt er g'seh, Sternrege und Lichtkugle platze. Komisch, Schmerze hätt er in dem Moment noch kaine g'habt.

Wie er widder zu sich kommt, sieht er en Kranz G'sichter, die uff'n runnergucke. Manche lache, annere könne sich's grad noch verkneife. Un zwische dene G'sichter leuchtet e rundes Stück blauer Himmel. Sein Kopf liegt waich uff'me z'sammeg'rollte Sakko, direkt nebe de Stang von'me Verkehrsschild. Wenn er d'Auge uffschlagt, sieht er über sich de Bode von'me blecherne Abfallbehälter. Er waiß net glei, wo er isch un warum er do uff'm Bode liegt, aber s'isch'm a egal. Wie im Traum. De Krankewage müßt bald komme, hört er jemand sage, un e Frau hat'm de Arm g'straichelt, als ging's an Sterbe. Er hört e Siren. Do fahrt'm de Schreck in alle Glieder. Die komme wege ihm! Des isch jo er, der im Mittelpunkt steht. Mit'm linke Aug sieht er alles rot. Der komische G'schmack im Mund. Blut! Er isch gege d'Straßebahn g'rennt! (…)

Wenn uff de Idioterennbahn was passiert, wenn ainer umkippt, habe alle schlagartig Zeit. Jeder isch froh, daß er's net isch un guckt zu, wie's mit dem arme Schwein weitergeht. (…)

An de Stirn hat er g'näht were müsse. Drei, vier Stichle. S'isch prima verhailt. Mit der Narb sieht er sogar besser aus vorher. Intressanter irgendwie. Des maint jedenfalls er. Un s'waiß jo niemand, wie des passiert isch. Außer mir vielleicht.

Harald Hurst

De Heckewanderer

Manchmol sonntags
in de schöne Sommerzeit
wenn's alle Leut
in die Natur rauszieht
auf Rollschuh über Betonstrecke
mit de Räder rudelweis in d'Pfalz
mit Badezeug zum Baggersee
oder in erhoffte Waldeinsamkeit
mit Rucksäckle un Wanderstecke
dann isch mir d'Natur
zu überlaufe
ich will ganz sicher geh
dass ich niemand seh
und mich niemand sieht

deshalb wander ich gern
im Neubaugebiet
zwische de blickdichte Hecke
dort bin ich für mich
un doch unner de Leut

hinner jeder Heck
e g'mütliche Welt
z'ammehocke an Biergarniture
unnerm Wertkauf-Baldachinzelt
ich hör schwätze un lache

Frau schimpfe
wenn Kinner net spure
ich hör Zapfhähn schnorchle
beim Bierkrug fülle
Männer rufe
Steaks seie durch
die Würscht müsste weg

es klappere Schüssle un Teller
es kleppert Besteck
ich riech so genau was die grille
dass ich's bei zu'ene Auge
beinah nahrhaft schmeck

verzählt jemand en Witz
verlangsam ich de Schritt
wenn's länger dauert
bleib ich halt steh
mit'm Ohr an de Blätter
un lach im Weitergeh

Hunde rieche mich
durch die blickdichte Hecke
die klainere kläffe
die größere belle
sie renne zum Glück
uff de anner Seit mit

es gibt nirgends mehr Leut
die mer hört und net sieht
als zur Barbecue-Zeit
im Neubaugebiet „Oberes Gewann"
un alle hätte gern
so blickdichte Hecke
wo mer net g'seh wird
aber rausgucke kann

wenn ich dann müd bin
mach ich e längere Paus
stütz de Elleboge ins Gras
hol Rotwein und Olivebrot raus
harte Salami, Tomate, Ziegekäs
noch e hochint'ressantes Buch
an dem ich schon ewig les

ich waiß dort
e schönes Plätzle
en lauschige Ort

Ende Nachtigalleweg
im Wendehammer
im absolute Parkverbot
bei de Altglas-Container
steht ein Lindenbaum
ich träumt' in seinem Schatten
so manchen schönen – ja ja
und so weiter

bevor ich geh
schieb ich mei Flasch
durch die Gummilasch
im Grünglas-Behälter.

Karlheinz Grether

De Turm

Do schteht se vor mer. Kloi, alt un verhuzelt un mit ihrem abgwetzte Ridikül am Arm.

Sie hat sich telefonisch amelde lasse für e ganz private Kercheführung. Sie hat erfahre, dass ich so Führunge als oimol im Monat for Intressierte mache du. Sie wollt e Führung ganz for sich alloi hawwe. Horch, hat se gsagt, 's Kercheschiff intressiert me net. Des kenn e in- un außewennich. I hock jo schließlich jeden Sonndagmorje do drin. Awwer uff de Kerchturm hoch, do dät e jetzt gern mit dir nuffgehe. Woisch, 's war en langer un harter Winter for me un i heb net gwisst, ob es nochemol schaff odder ob des womeeglich mei letschter Winter isch. Awwer jetzt geht's nauszus un mir geht's widder so oinichermaße. Un do will e ubedingt noch oimol do nuff uff mein Turm.

Gut, hewe gsagt, an mir soll's net ligge. I hoff, Sie schaffe des. Es sin gut un gern hunnertunacht Schtufe bis nuff zu de Altane. I wois jo net, wie gut dass Sie noch zu Fuß sin; mir mache uff alle Fäll zwoimol Halt uffem Weg nach owwe un e Telefon for de Notfall hawe sowieso immer en meim Hossesack. Mach der mol koi Sorge wege meine Fieß: die schaffe des! Die hawe in meim Lewe scho ganz annere Weg gschafft. Un mei Gosch geht a noch, un a mit meine Auge bin e immer ganz gud zu Fuß. Un horch emol, sagt se, i sag oifach du zu dir, woisch – mir Neereder sieze uns net – un du sagsch oifach a du zu mir. Wann d'a etlich Johr jünger bisch.

Uffem Weg nuffzus hat se mer nohrd unnerm Schnaufe verzählt, dass sie vor siebzich Johr 's erscht un a 's letschte Mol do owwe gwest isch. Sellemols mit em Pfarrer Lassahn als Konfirmandin. Grad recht vierzeh Johr alt war se domols gwest, un de Krieg war grad vorbei. Wie mer uffem Turm owwe akomme sin, hawe ihre üwwer den hoche Türschweller nausgholfe ins Freie uff d'Altane naus. Achtung, hawe zu ere gsagt – Ihr müsset uffbasse, do owwe hawe die Dauwe alles vollgschisse. Net dass der Euch dreckich mache.

I heb me selwer üwwer me gwunnert, dass ich se in de zweite Person agschproche hab, awwer ich konnt se oifach net duze. Mei Reschbekt war oifach zu groß. Sie hat sich net um me kümmert, hat sich drauße gege d'Baluschtrade glehnt un ihre boide Händ uff d'Brüschtung glegt. Wie ere afange wollt zu erkläre, was se jetzt an Neiem aus üwwer fünfezwanzich Meter Höche vom Turm runner alles sehe dut; die Windräder uffem Karlsruher Müllberg, die Kühltürm von Philippsburg, des neie Kohlekraftwerk im Rheihafe; do hat se sich e kloi bissle zu mer rumdreht un hat me so ageguckt, als ob se sage wollt: Du haltsch jetzt am beschde mol dei Maul.

Nohrd hat sie e ganze Zeit lang blos schtill nunner guckt uff Neered. Ihre Neered. Un ich mit.

E bissle hawe dann hehlinge niwwergschielt zu ihre, wie sie so doschteht in dem lauwarmfrische Frühjohrsmiddagswind. Hab ihre sonneagschtrahlte Falte im Gsicht gsehe, Falte voller Loid, awwer a ihre Lachfältle in de Augewinkel. Hab die Runzle un Schronne uff ihre Handrücke sehe könne un die Schwiele. Un dann hat se agfang mir zu verzähle. Dass se schtaunt, wie groß ihre Neered inzwische worre isch.Un dass se des Neie an Neered net groß intressiert.

Awwer de Blick hinnere Richtung Altrhei, zum Eggelsee un de Unnere Damm, des warere wichtich.

Sie hat mer verzehlt, dass se als kloins Kind scho donah mitgmisst hat uff die Äcker zum Helfe. Beim Grombieresetze, beim Hacke und Ausgrase hat helfe misse un a beim Grombiereraausmache. Halt die kloine Grombierle zammelese, die wo dehoim für d' Säu ware. Bei de Heuet war se mit debei, net nur bei de erschte Mahd, noi a beim Ohmed im Hochsommer, wo se dann hoch owwe uffem Heuwagge mit de Küh vornedra hoimzus gfahre isch in d'Haubtschtroß, un nohrd a noch hat helfe misse, des Rauhfuder nuff unners Scheueredach zu bringe un dort feschtzuschtampfe. Un for de Dorscht bei dere Sommerhitz un dere Ärwed direkt unner de Ziggle hats kaltes Brunnewasser außem Hofbrunne gewe. Un jetzt schtehe dort, wo frieher ewe die ganze alte Scheiere ware, lauter neie Häuser. Die Brunne un die Scheiere sin verschwunde. Un die Küh un die Wägge noch viel früher. Un mit dem allem zamme isch a die Feierowedlandwirtschaft in Neered ausgschtorwe.

Un sie verzählt mer, wie ihre Kindhoit mit oim Schlag vorbei war, wie des Schreibe gekomme isch, dass ihre ältschter Bruder for Volk un Vaterland in Russland gfalle isch. Do sin ere d'Auge uffgange un de Hals hats ere zugschnürt un sie hat lang braucht, um mit dem bletzliche Erwachsesei fertich zu werre. Un sie verzählt mer weiters un fangt a en ganze Turm an Erinnerunge vor mir uffzubaue. Guckt dodebei die Haubtschroß nuffzus, gege Süde ins Welsche, von do, wo schpäter ihre Mann her war.

Verzählt mer von ihre Hochzich, die sellemols gar net so oifach war, weil mer jo net en Welschneereder gheirat hat, wenn mer selwer aus Teitschneered war. Des war domols fascht genauso udenkbar, als wenn en Evangelischer e Katholische gheiratet hat odder umgekehrt. Un von ihre Hochzichsfeier verzählt se mer dann, die hat unnerm Schopf schtattgfunne. Mit drei zammegschowene Küchetisch und von de Nochbarschaft gliehene Schtühl. Zu Esse gewe hats selwergmachte Nudle mit Soß, un fors Floisch isch en Gockler un vier Hase gschlacht worre, un außerdem a noch zwölf Täublen. De Kopfsalat dezu kam außem oigene Garde. 'S war e scheens Fescht, sagt se.

Un sie lasst ihren Erinnerungsturm weiterwachse. Gschicht for Gschicht. Verzählt mer, wie schwer des war, afangs de fuffzicher Johr, so frisch verheirat, de Mann erscht arwoidslos, un dann endlich, endlich en Arwoidsplatz beim „Junker un Ruh" in Karlsruh drin. Mit Nachtschichte. Un sie dehoim mit em Erschtgeborene unner oim Dach mit de Eltere. Un for e zwangseiquartierte Base hat de Platz a noch lange müsse.

Un weiters wachst de Turm mit jedere Gschicht in ihre Erinnerunge. Sie verzählt mer vom sonndägliche Kerchgang, wo's selbverschtändlich war, dass alle im Haus Sonndag for Sonndag nagehe. Bis uff Oins, des hat dehoim inzwische solang für alle gekocht. Un wenn d'Kerch aus war un die annere dann widder zrück ware, dann sinn nochemol die ganze Lieder gsunge worre vom jeweiliche Sonndagsgottesdienscht. Dann hat desjenich, wo dehoim hat koche misse, a was devo ghat.

Un sie verzählt mer beim Nunnergucke in die Richtung, wo de alte Friedhof isch. Nohrd geht ihre Blick nach Norde zum neie Hauptfriedhof. Ihre Mann liegt dort, schon seit etliche Johre. Viel zu frieh ischer von ere gegange. Hat se alloi zrückglasse mit ihre boide Kinner. Awwer sie hats gschafft, sagt se zu mer, ihre Herrgott hat se net alloi glasse. Ihre Kinner scho. Die sinn auswärts verheirat un wohne weit weg. Hawe sie un ihren Kerchturm kaum noch im Blick un komme beschtefalls an Oschtere odder Weihnachde. S langt grad für d'Gschenklen abhole.

Un nohrd entdeckt se beim nunnerzus gucke e Haus, des mol frieher e Bäckerei war, un wo se nach de sechs Johr Volksschul in Schtellung war; de Bäckersfraa im Haushalt hat se helfe misse un dodebei 's Koche un vor allem 's Kuchebacke glernt. Zwoi Johr lang. Ihre Erinnerungsturm hat so ganz newwebei schon unser Altanehöh erreicht un sie werd jetzt a so langsam müd. Ich merk's dodra, dass se inzwische e kloins bissle leiser schwätze dut.

Un wie se sich rumdreht zu mir, do guckt se nochemol an mir vorbei in Richtung Oschde un entdeckt weit weg uffeme Kraichgauhügele so e kloins, weißes Häusle. Un wie ich ihre erkläre du, dass des die Michelskapell bei Grombach isch, kriegt se Träne in d'Auge. Woisch Bu, sagt se zu mer, i bin mei ganzes Lewe net aus meim Neered nauskomme, ich heb halt mein Kerchturm net aus de Auge verliere welle. Urlaub oder Verroise hawe mer halt net loischde könne, un außerdem – wer hätt dann in dere Zeit mei Hiehner versorgt? Awer oimol, do wäre doch mol zum Verrecke gern do nuff uff den Michelsberg, blos um in dere Kapell e Kerzle azuzünne. E Kerzle als Dankschee for mei ganzes Lewe un um emol mein Neereder Kerchturm von Weitem zu sehe. Des hätte mer gwünscht.

Zamme mit em Sonneunnergang sinn mir boide dann langsam a widder am Turmfuß unne akomme.

Sie hat sich üwwerschwänglich bei mer bedanke welle un hat in ihrem miggriche Handdäschle nach Trinkgeld gsucht. I bin ere dann ganz uhöflich ins Wort gfalle, hab ihre altersrunzliche Hand feschtghalte un hab zu ere gsagt: Wenn sich jemand bedanke muss, nohrd bedank ich mich bei Euch. Un ich hätt oin Wunsch: bleiwet gsund so gut wie's nur geht. Ich dät liebend gern im näxschde Friehjohr nochemol mit eich nuff uff unsern Kerchturm. Dann bring awwer ich en ganze Turm an Erinnerunge mit.

Un hinnerher, do fahre mir boide an eme sonniche Dag nach Grombach, un nuff uff de Michelsberg, un gucke von weitem gemoinsam unsern Kerchturm a.

Ridikül: Handtasche, Stofftasche
Neered: Neureut

Roland Bruchmann

Am Rhei'kilomeder 372

Am Rhei'ufer bei de Leboldshafner Fähr,
direkt vorm Kilomederschdoi 372
schdeht zwischer zwoi Kaschdaniebeem
e Bänkle.
E Bank aus eme halwe Baamschdamm,
quer dorchgschnidde,
mit de Rundung nach unne.
Do sitze mer un gugge uffs Wasser,
wo an d'Uferschdoi rauscht,
Blose schmeißt un
sich dreht un kroiselt,
weil grad die „Caritas II“ rhei'ufwärts
vorbei gschnauft isch.
D'Sonn scheint uns ins Gnick,
die Kaschdaniebeem schwenke ihre Zweig
im Wind un wedle mit de Blädder.
Mir hogge do un koiner sagt e Wort.
Mir gugge uf's Wasser,
henge unsere Gedanke nooch
un aldere gemoinsam vor uns na.

Roland Bruchmann

De Neereder Blues

Des isch e alde Gschicht
wo ich eich do verzehl, ihr Leit.
Un jeder frogt sich, Mensch
Was bringden uns des heit?
So geht's halt zu heit iwerahl uf derre Welt.
Wo jeder woiß, dass in de Politik nix zählt
Wie d' Macht un 's Geld.
Ich will mit sare,
basset uf un glawet net die Sonndagsrede,
sonscht kommt's wie immer
un dir send am Schluss die Bleede.

Neinzehhunndertfümfesibbzich
War for uns e schlechdes Johr.
Neinzehhunndertfümfesibbzich
War for d Neereder e schlechdes Johr,
weil uns do die Schdadt gekrallt hat –
ganz un gar mit Haut un Hoor.

Deitsche, Welsche, un die Hoide,
a die Siedlung war debai,
Deitsche, Welsche un die Hoide,
und Kirchfelder warn a debei.
Alle hemmer demonschdriert –
mir wollde halt koi Schdäter sei.

Was die große Mehrhoit g'wollt hat,
hat dort koiner ind'ressiert.
Fascht hunndert Prozent degege
hen de Dulle'kopf ne g'riert:
de Schdärker hat sich oifach dorchg'setzt
un uns Neereder kassiert.

Neinzehhunndertfümfesibbzich
War for uns e schlechdes Johr.
Neinzehhunndertfümfesibbzich
War for d Neeredder e schlechdes Johr,
weil uns do die Schadt gekrallt hat –
un des isch traurich – awer wohr!

Oh, yeah!!

Deitsche, Welsche un die Hoide: Die Gemeindeteile Teutschneureut, Welschneureut und Heide
Dulle'kopf: Otto Dullenkopf, 1975 Oberbürgermeister von Karlsruhe

Thomas Heitlinger

Schnee olé

Jedes Jahr kommt der Tag: Do guck'sch aus äm Fenschter un in Karlruh do isch alles weiß. Wie wenn oiner Puderzucker drüberg'rieselt hätt. Un es schneit immer noch. 's Badenradio meldet die aktuelle Schneehöhe: Schwarzwald, Dobel, 1 Meter. Karlsruh, Marktplatz: 2 Zentimeter.

D'Leit hen Respekt. D'Straße'bahn isch voll. Un die wo fahre, die fahre langsam. Die fahre mit Winterreife. Die fahre mit Vierrado'trieb. Die fahre mit Schneekette. Än Schütze'panzer von der Bundeswehr isch än Scheißdreck dagege.

Äm Berg fahre sie b'sonders langsam. Zum Beispiel am Turmberg. Oder an der Unterführung in der Kriegsstraß. Mehr Berg hat's in Karlsruhe net, Gott sei Dank. Der Verkehr bricht trotzdem zusamme. 's gibt än Rückstau bis Durlach, in der andere Richtung bis Wörth. Wer weiß, für was dass des gut isch?

D'Kinner ziege Schlitte. Der erschte kommt uff Ski. Uff äm Asphalt knirscht's ä bissle komisch. Klar, wenn's mol Schnee hat, muss mer's schon ausnutze.

Net vergesse: Kehrwoch! De Platte'gang sauber mache. Der Schnee wegräume. Auf geht's. Was isch dir lieber? Holzbese, Plaschtikschipp oder Aluschieber?

Un hinnerher wird tapfer g'streut. Als druff. Gib ihm. Wege der Versicherung! Net äm falsche Fleck spare. Händ-, oimer-, sackweis druff. Wenn mer die Gelege'heit hat. Wer weiß, ob's des Jahr nochmal schneit.

Grad geht d'Türe uff, mein Kolleg kommt rei. Ä Beul an der Stirn. D'Hos blutig, d'Knie verstürzt.

Ach du lieber Gott, frag ich: Isch's drauße glatt?

Noi, sagt er.

Der Schnee, der isch längscht wegtaut.

Aber, ruft er empört, so Idiote! Des glaubsch du net:

Ich bin uff äm Salz ausgr'utscht.

Manfred Eugen Zöller

s gibt Rejewetter

Wenns Auer Loch zu isch, dann gibts Rejewetter,
hat mei Großmutter als gsaagt.
Un wenns net zu isch, häb ich sie ämol froogt,
dann, hat sie gsaagt, sieht ma bis zu de Vogese.

Un was sin Vogese, häb ich sie froogt,
Vogese, hat sie gsaagt,
den sin die Berg, driwe im Elsass iwerm Rhei,
wem ma die gut sieht gibt's Rejewetter.

Un was isch de Rhei, häb ich sie froogt,
de Rhei, hat sie gsaagt,
des isch der große Fluss hinner Au un Weier,
do druff wu Dompfer fahre.

Un was sin Dompfer, häb ich si froogt,
Dompfer, hat sie gsaagt,
den sin die Schiff wu ma als heert bis nach Meersch,
dann, wenns Rejewetter gibt.

Valentin Hörig

Mei Heimed isch

(Elchesheim-Illingen)

'S Kriegerdenkmol bei da Kirch
m Schulze-Fronz sei Aggerfürch
do wu da Goggler morjeds schriggd
un Kicheduft durch d'Schdroße ziegd
de Heinz mit seine schnelle Fiiß
die Laschdwägge mit Sond un Kies
än Mischdhuffe in jedem Hof
on Kirwe in de Beize Schwof
Küh, Säu un Gaiße in dä Schdäll
im Büddel sei Gemeindeschell
da Sauhirt un de Gänselies
in de Fall ä doodes Miisl
Diggrüblöcher uff dä Ägger
fir finf Pfenning Eis vum Begger
ä Liichd durch's Dorf, bei Wind un Wedder
ä Blumpsko uss Akaziebredder
da Dowagschopf, die Dreschmaschin
die Sägmaschin vum Valentin
da Aldrehi un die Brigg 'om Dohl
in de Babble der Pirol
beim Rothuus die ald Briggewoo
der Jäger luddes „horido"
Fuder mähe mid da Sens
da rote Omnibus vum Benz
in de Kinnerschuul des Wonnebad
ä scheene Fachwerkhuusfassad
die erschde Mobedfahrt zu dritt
om Rond vum Dorf die Zigglhütt
än Schereschliffer, dä Holzschuhmonn
Scherwe, gebagge in da Pfonn
Salb vun de Adebach-Marie
Hausmonnskoschd uhne Chemie

Fisch fonge mit Raffinesse
un in da Pfonn gebagge esse
Welle mache duss om Öl
Schlechde Schdroße, meiner Seel
Schwalwe uff de Schdromleidunge
Rebhühnle in de Nierrunge
Schdockschläg un Datze in da Schuul
da Großmudder ihr Kircheschduhl
Kabbeowed un Maskeball
die Hausmacher vum Melzer-Karl
da Mätzele uffem Endeschdrich
Im Summer dausend Schnoogestich
Fuder hole uff dä Insle
omme Heischdallfirdig d'Kiche binsle
da Hoffmonn u nun da Pfarrer Koch
da Schuttblatz duss om Bombeloch
ä Hond voll Donde Emma-Läde
des dumme Gschwätz der Leut, des bleede
um Oschdre rum de Schdrohsack schdopfe
un im Freie d'Matratze glopfe
Flurbrozession un 's Oschdersinge
dä Nochber Moschd un Wurschtsupp bringe
dä Rheintaler ihr Bloosmusik
Viele Stunde voller Glick
da Russepeter, än Haffe Moschd
da Herz-Gustav un d'alde Poschd
uff da ald Schul ä Schdorcheneschd
un in de Schdaigriib Musifeschd...
Die Bilder sin in mir so frisch,
jezd wissed mer, was Heimed isch.

Endeschdrich: Entenjagd.
Heischdallfirdig: Heustallfeiertage.
(Feiertage in der kälteren Jahreszeit, wie Buß- und Bettag oder Dreikönig, an denen drinnen verschönert oder repariert wurde.)

Brigitte Wagner

Bricke-Schbaziergang

Bricke hän scho immer ä große Oziehungskrafd uff mich ausg'iebd. Zum Oine, weil se verbindende Elemende sin. Du musch immer erschd mol nibber, bevor d' widder ribber kannsch. Zum Annere falld oim manchmol midde uff d'r Brick ei, dass mer dahoim ebbs vergesse had. Wenn oim des uff 're normale Schtroß bassierd, isch's än banaler Vorgang, der wo sich dagdäglich ereigne kann. Aber uff so 're Brick herrschd immer ä gewisses Hie-un-Her-un-No. Hebd se? Wackeld se? Halded se di aus?

Mei Raschdadd had oiniges an Bricke zu biete. D'alde Oosbachbrick, d'Eisebahnbrick, d'obere Schtauschleusebrick, d'Franzbrick – des isch die, wo der heilige Herr von Assisi sei Pferd mit dem gleichnamige Bier belade had. Sage d'Bierdrinker nach'm dridde Gezapfde.

Ä Schdickl weider unne schbannd d'Badnerbrick ihrn Boge fir Mensch un Möv. Des isch d'Lieblingsbrick von d'r Raschdadder Möve. Ä schdark befahrene, äußerschd nahrhafde Brick. Morgens gibd's für d'Möve Croassongs vom Bäcker Späth, middags Körri-Wirschdle vom scheenschde Wochemarkd unsrer Regjon, un obends um fünfe ä Linde-Schnitzl, aber nur dienschdags, do isch Schnitzldag. Ich weiß jetz a, wieso die Vögel Lachmöwe heiße, die lache sich halber dod, wenn se mich von weidem mit meim alde drockene Brodgneisel okomme sähe, so verweehnd wie die Schdadt-Hiehner sin...

D'Ankerbrick isch mir am liebschde. Erschdens mol, weil mer von do aus in d'Schtadt nei guggend unser Barock-Schloss oschdaune kann un aus d'r Schtadt nausguggend des Gfängnis siehd, froh net drin sei zu misse. Weider hinne Richdung Frankreich ahnd mer die scheene Rieddörfer mid ihrene Schnooge im Rieder Loch, aus dem immer die Unwedder in d'Schdadt hergezoge komme. Die Ankerbrick heißd so, weil uff d'r oine Seid ä Wirdschafd schdehd, noch, die wie so Vieles dem große Wirdschafds-Schderbe zum Opfer gfalle isch. Uff d'r annere Seid schdehd ä Abodeeg. Immer wenn se aus derre Wirtschaft rauskomme sin un hän nimme weider gwissd, dann war die Abodeeg wie so'n Reddungs-Anker do gschdanne un die Brick had widder mol verbindende Funkzjon g'had.

An d'r Ankerbrick raschle d'Linde am scheenschde im Wind un im fünfde Monad vom Johr schbiegeld sich d'r Maimond in d'r Murg, dass moinsch, s'wär än großer, welliger, goldgelber Deller.

Freie Fahrd mid dem Monddeller ! D'Murg nunner – mid 're Gugg voll Schoklad-Maikäfer, machsch d'Auge zu un lasch di dreibe. Wenn 's Wasser nebe d'r leichd schwabbd, brauchsch koi Angscht zu habe, des isch bloß ä kloins Wolke-Krokodil, ibrig gebliebe vom Dag, wo sich weiße Wolke in d'r Murg gschbiegeld hän. Ä paar Bludegel schmatze zärdlich am Ufer rum. Fir d'Schließbrick brauchsch än Schlissl, die had, wie scho ihr Name sagd, um die Uhrzeid scho g'schlosse. Do dirfe jetz nur noch Fußelgänger un Radfahrer dribber. Rechds gehd's in Kalabrich, wo noch ä paar von dene kloine romandische Häusle schdehe, bei dene mer früher d'r Hausschlissl ins Dachkendl g'legd had. Links gehd's uff d'r Jahrmarkd, wo's immer noch Zuggerwadd gibd wie vor hunnerd Johr un Box-Audole, un Lose, wo mer manchmol ebbs gwinnd was oim gar koi Fraid machd. Wie im Läbe. Die Fahrd im Mond-Deller gehd weider un irgendwann, begleided von Gäns, Schwän un Nutrias, tauchd schemehafd d'Rheinauerbrick uff. Vorwitzige Fledermäus hinnerlasse beim Vorbeisause än kaum schbürbarer Lufdhauch, fir ä kloine Gänsehaut langd's aber scho.

Jetz bisch direkd an d'r Brick okomme, dädsch gern noch weiderfahre, aber d'r goldne Maimond-Deller had faschd 's Ufer erreichd, glei kriegsch nasse Fieß. Laafsch nuff uff d'Brick, d'Rheinau schloofd scho. Unne im faschd dunkle Wasser huschd d'r Schadde von 'me Neunaug vorbei, unner d'r Brick durch. Ä Zeiche fir sauberes Wasser. Von d'r Konrad-Adenauer-Brick aus siehd mer genau unser gigandisches Hochwasser- un Ökologie-Murgbrojekd, die kloine ausgebaggerde Insle, ibber die d'Murg ab un zu ibbermüdich dribber blädscherd, mid Bludweiderich druff, un Leut, wo widder bade in d'r Murg wie vor ewige Zeide. Die indressandeschde Brick isch d'Illwetritsche-Brick, die wo mer nur dann sehe kann, wenn mer an d'r Illwetritsch glaabd, ä Raschdadder Wese zwische Dag-un-Siehsch-mi-net. Nadierlich gibd's noch viel meh Bricke – in Sän Nazär, in Loss Äntscheles oder die ‚Bridge over troubled water' vom Simon un dem Garfunkel. Die Raschdadder Bricke aber gebe mir des Meischde: mei Heimad, mei Dribberlaafe un widder Ribberlaafe. Mei Dreffe von bekannde Leut un mei Denke ‚Des Gsichd kennsch doch'. Oins hänn alle Bricke gemeinsam un des g'falld mir so richdig gud – die gewisse schdadische Unsicherheid, wie unser Läbe an sich.

Norbert Zoller

Monchmol om Rhi

(Ein Liedtext)

Monchmol steh i düss om Rhi un lu uff d'öuner sitt.
Un denk donn dro, ich vergiss'es nie, wie's war in sellere Zitt.
Mit Zellner, Schlagbaum un Kontrolle – im Kofferraum mit scharfem Blick;
Mit Üswiss, Ware zum Verzolle. Die Zitt winsch ich m'r nim zurick!
Monchmol steh i düss om Rhi un lu uff d'öuner Sitt.
Un denk, mien Opa wär d'bi, wie schie wär des fier den dert hit.
Der hat m'r viel verzehlt vum Krie, vun Feindschaft, Hunger, vun der Not;
Vum Schitzegraawe in d'r Brie, un jeden Daa die Ongschd vor'm Dod.

Wie schie, mir läwe hit in Fridde,
mir mien kä Ongschd vorm Nochber ho.
Mir brüchc nim die Kriegsglock litte,
kän Weschdwall böue, kä Maginot.
Mir kinne zu der Nochber fahre,
schnell iwwer d'Brick, mol mit der Fähr.
Mir kinne öuns die Waffe spare.
Schie wär's, wenn's iwwerall so wär.

Monchmol sitz i düss om Rhi un heer em Wasser zu.
Immer falle m'r Bilder i, die losse m'r kä Ruh.
Die Bilder sieh'sch dü alle Daa, uff jed're Titelsitt.
S'Fernseh zeigt'se ruf un na, d'r Krie isch monchmol gar net witt.
Monchmol sitz i düss om Rhi un mach m'r so en Plon.
Donn wott i gern en Magier si, wu d'Welt verzaubre konn.
In ä Welt, wu jeder z'Esse hat, wu d'Grenze g'falle sein.
Wu in jedem Dorf, in jed're Stadt fier d'Kinder d'Sunn hell schient.

Nordschwarzwald

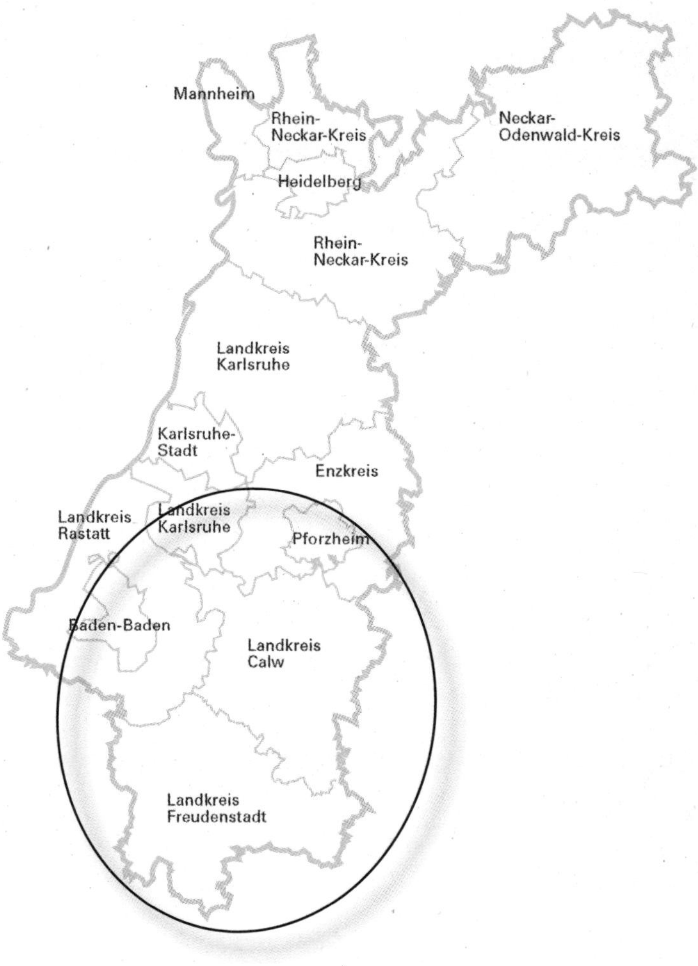

Helmut Vester

S Lachwälle in Birkefell

Heut möchte mit euch en Gang an de Gmarkungsgrenz entlang mache. Da tie mer e paar Sache mitenanner agucke. Also afange tie mer am Lachewälle. Des weiß doch sicher jeder, wo s Lachewälle isch? Noi? Also unnerem Hoimig, Richtung Bretzinge, des Wälle isch s Lachewälle. 's isch scho uff de Pforzemer Gemarkung. Etz e annere Frag isch nadierlich, wegerom des Wälle so en komische Name hat. Mich Lache ka's ja kum ebbes z do ho. Wenn de dann im mittelhochdeutsche Lexiko nachgucksch, wirsch uff Ahieb au net gscheiter. Außer Lache gibt's dort nämlich no drei ähnliche Wörter. Zwei sin Lache – die Pfütze, unn Lache – das Grenzzeichen. Also ois von denne zwei müeßt passe. Gibt's im Lachewälle Pfütze? Ha, wenn's mordsmäßig gregert hat, scho, awer so regerts doch net emmer. Nor, des ka's net seit, au wege de Aussprach net. Vor allem, wemmer sieht, daß am Rand von dem Wälle no Grenzstoi stehn, no isch klar. Lachewälle mueß s Grenzwälle heiße. Unn's war ja sogar e doppelte Grenz: zwische Bretzinge und Birkefell d Gmarkungsgrenz unn gleichzeitig zwische Bade unn Württeberg d Landesgrenz. I kann euch awwer no en anndere Beweis gewwe. Isch ebber von euch scho emal uff de Rote Lache gwä? Ihr wisst doch, wo die isch? Im Schwarzwald südlich von Bade-Bade uff de Höh. Genau da stehn au Grenzstoi zwische Bade unn Württeberg. Unn Rote Lache heißt's, weil de Bode von denne Sandstoi da owwe so rot isch. Also bleibt's dabei: Unser Lachewälle isch s Grenzwälle. Unn de Lachemaier, woher hat der sein Name? Nadierlich net vom Maier, der sei ganz Lewe lang bloß glacht hat. Frieher henn d Leut sowieso net so viel z lache ghett. Unn an ere Pfütz hat er au net gwohnt; noi des isch de maier, der an de Grenz gwohnt hat, des leuchtet doch ei, oder net? So, des wisse mer jetz.

Wälle: Wäldchen
Birkefell: Birkenfeld

Fritz Höhn

Mei' Pforze

Wie schö liggd doch mei' Goldschtadt Pforze
Am dunkle, grüne Waldpordal,
Wie fließe d'Enz unn d'Würm unn d'Nagold
So silwerig, vereint, durch's Dal.

Guck na wo d'witt, nach Oscht' nach Weschde,
Von üweraal winkt's Dannegrün
Unn ewig schöner Schwarzwaldzauwer
Begeischderd eim sei' Herz unn Sinn.
Em Norde dut d'r Wartturm throne,
En Üwerreschd aus alder Zeit
Der kann uns Pforzemer viel verzähle
Aus unserer Vergangeheit.

Am Sonndag heißt's: „Jetzd kommet Kinder!"
M'r gehen in Wald! No dapfer los!
Unn bärig laufsch e' Vierdelschtündle
No liggd m'r scho' em grüne Moos.
Wie schö' isch doch em „Kanzler" drunne
E herrlichs Plätzle, schaddig, kühl,
's kann Einer wegger weit'rum suche,
So find'r sicher g'gwieß net viel.
Do dut eim's Herzle höher schlage.
Wann Alles zwitscherd, singt unn schallt
Dusch selwer in e Loblied schtimme
Em Schöpfer, uff den schöne Wald.
Wie manche Schtadt liegt ohne Wälder
Langweilig, fadegrad unn flach –
I' glaub, do drinn do müßt i schterwe,
Ganz g'wieß, scho' in de erschde Dag.
An Pforze derf kei „Mannem" rieche
Viel wen'ger „Karlsruh, d'Residenz"
Drum du is a von Herze liewe
Mei' goldigs Pforze an d'r Enz!

Dieter Huthmacher

I ben aus Pforze

I ben aus Pforze, do kosch druf knorze.
I ben aus Pforze. I komm
net aus Backnang ond net von de Alb ra
ond Calw liegt au ziemlich nah.
I ben halb Badisch, was net grad schad isch,
halb Schwäbisch ben i au.
Wär i bloß fränkisch, vielleicht wär i zänkisch,
des wisset mer net so genau.

I ben so wie dazwische dren.
Des isch de Charakter, beim Oine versackt er,
beim Andere fällt er net auf.

I ben zwar en Seckel, aber koin halbe,
denn wenn mer was mache, no ganz.
Pforzhoim isch Goldstadt ond weils en Charme hat,
brauchet mer weniger Glanz.
Oh, mir müsset net glänze, den Glanz ergänze
mir dadurch, dass mir koin hen.
Dafür hemmer Schulde, mir wern ons gedulde
müsse, bis mer mol schuldefrei sen.

Mir sen so wie dazwische dren.
Des isch grad des scheene, bei oim sen's
die Gene, beim andre Veranlagung.
Als Pforzemer Seckl hosch was em Meckl,
als Halbseckl hosch ebe nix.

Dieter Huthmacher

Wandern im Nordschwarzwald

Der höchste Berg im Nordschwarzwald
des isch die Hornisgrind.
Obe isch mer ziemlich bald
ond ronter isch mer gschwind,

Sie tun's mit Nordic-Walking-Stöck,
die Höhe schlauchet sehr,
ond manche kommet über d Brück
mit em e-Bike henterher.

Vom Wiesebacher Hüttle
hinauf zum Trifelsblick,
ond hentenoch ens Sängerheim,
kommsch ne meh nüchtern zrück.

Ond ab ond zu siehsch Rädle,
die sich im Winde drehn,
weil fleißige Schwarzwaldmädle
von onte blose den.

Ond wenn du mit em Winde gehsch
zum Huzebacher See,
dann finde deine Freuden statt
em Walde drauße meh.

„Igelsloch" ond „Siehdichfür"
so heißet hier die Ort,
ond manche Leit, die sterbet hier
ond waret noch nie fort.

Von oinem Stoi zum andere,
ich schick dir schöne Grüß,
ben im Monbachtal am Wandre,
steh em Bach, han nasse Füß.

Iris Treiber

Segs Verslen vom Nuff- unn Nunnergeh'

1
loszohge simmer
dief in de Nacht
zufällig boide
schwarz vor de Auge
unn nichts hemmer g'seh

wo's nahgeht war uhklar
ah
ob mar's erraiche
koiner hat g'frogt
ob mar uffbreche welle
dich net unn mich net
unn ah net mir uns

s annenanner
Klammre hat
net zum
feschd
Halte k'langt
unn's
Stehbleiwe
net zum
Hängebleiwe

fier Dich ein Spaziergang
war s fir mich wie e Bergduhr
wenn Du grad net guggt hasch
hawwe kotzt vor Erschepfung
unn du hasch nie guggt

bis dann uffem Gipfel
do hasch me lang ahgschaut
doch du hasch me net gseh

nor s Echo hat khert
wie e net nach der ruf

jetzt
nemme de Finger
vonn derre Landkart
wo d Näche
so arg in de Ferne
liggt

loszohge simmer
dief in die Nacht
zufällig boide
awwer net zamme

2
ih bin de Kilimandscharo
unn Du de Popokatepetl
mir kennte uns ähnle
doch wie solle mar's wisse
mir gliehe
uff zwoierloi
Kontinent

3
fortgeh unn fortsei
isch leichter
als dohsei unn komme
lass me net deische
egal wie sich's fiehlt
wenn de Hieweg
bergab
geht geht
de Rickweg berguff

4
wenne uff de Berg lahf
kanne abschdierze
wenne unne bleib
ah
unn wenn e g'merkt hätt
dass z noch schdeiler ahschdeigt
dann hätte g'wisst
's isch en Vulkan

5
wenn ih net
nachemm Weg g'frogt hätt
hätte mar uns
vielleicht net verirrt

6
bloß weil mar
zsamme
uff de Berg schdeige
wisse mar no lang net
was owwe unn was unne isch
ahkomme simmar
sowieso scho vorher
ih do
unn
du dort

Werner Puschner

Besuch uff em Dobel

(Ein Dialog)

Wo willsch en hie?
Uff de Dobel, en Besuch mache.
Nach Dobel?
Nei, uff de Dobel.
Ah, du meinsch des so, wie ma sagt: Ich fahr nächschte Woch en Tag uff Bruchsal.
Nei, uff de Dobel fahrt ma wirklich nuff, der liegt obe. Dort hats immer als erschtes Schnee.
Ach isch des en Berg, wo e Seilbahn nufffahrt un wo ma Ski fahre kann?
Skifahre kann ma manchmol schon. Aber de Dobel isch kein Berg, sondern e Gemeinde.
Zu ere Gemeinde kann ma doch net „der" sage, Gemeinde isch doch weiblich.
S'heißt aber net „die Dobel!", sondern „der Dobel". Die Gemeinde, aber der Dobel, so wie ma au sagt „der Berg" , aber „Die Teufelsmühl". Bloß ischs bei dem Beispiel grad umgekehrt, verstehsch?
Logisch isch des alles jo net grad.
Pass uff: der Dobel heißts, weil des Wort Dobel an sich männlich isch. Alle Hauptwörter uff -obel sin männlich: der Hobel, der Zobel, aus dem ma Pelzmäntel macht.
Un was willsch in Dobel?
Ich will nix in Dobel, sondern uff em Dobel: besuche will ich jemand; des hab ich dir doch schon gsagt.
Wen?
Die kannsch net kenne, wenn schon de Dobel net kennsch, die sin von dort. E agheiratete Verwandtschaft.
Un wie heiße die Leut von dort?
Karl, Hermann, Ludwig, Gerda, Birgit, Maria, unnerschiedlich halt wie überall. Kull un Weidner, Krieg un Mönch mit Nachname.
Nei ich mein doch, wie ma zu dene alle sagt, wo aus Dobel sin?
Dobler!
Bisch sicher, müssts des net „Döbler" heiße.
Wieso denn des?

Weils au Römer un net Romer heißt.
Du kannsch doch de Dobel net mit Rom vergleiche. Obwohl... de Dobel hat mehr wie siebe Hügel. De beschte zum Schlittefahre isch der vom Aussichtturm nunner zum Kurhaus hie, net zu steil un net zu flach. Uff den Turm tät ich mein Lebe lang schon e mol gern nuffsteige, aber er isch immer zu. E wahnsinnige Aussicht muss ma von dort habe. Schon uff dem Bänkle am Fuß von dem Turm siehsch bis zu de Philipsburger Kühltürm.
Isch des so en viereckiger Turm aus Sandstein?
Genau.
Dann kenn ich des Dorf doch: wirklich herrlich ischs dort. Do bin ich schon e paar Mol durchgfahre: „Das schöne Dobel"
Nix schönes Dobel, der schöne Dobel, der schöne Dobel heißts, du Dubel. Mein Vater hat jedesmol, wenn mir do nuff gwandert sin gsagt: „Der schöne Dobel, do müßt ma wohne un e Haus habe."
Dein Vater isch aber net de Konrad Duden. Es heißt schließlich au „das schöne Ettlingen", das schöne Karlsruhe un das schöne Rom. Warum soll do ausgrechnet das schöne Dobel e Ausnahm mache?
Weil net nur Fraue schön sin un weils au schöne Männer gibt, mein Lieber. Un de Dobel isch einer davon.
Un warum soll der Ort männlicher sei wie Ettlinge, Karlsruh oder Rom?
Weil dort obe e viel rauheres Klima herrscht wie in dene liebliche Städt. So jetzt will ich aber fahre, ich will mei Dobler Verwandte net verschrecke, die denke noch, wenn ich erscht um halber fünfe statt um viere komm, ich wollt zum Abendessse bleibe.
Ja und, dann solle se dich halt mitesse lasse.
Halt, halt so eifach isch des net. Uff de Dobel nuff passiert ma d'württembergische Grenz, zwische Schielberg un Rotesol.
Sin die Dobler schon Schwobe? Du bringsch dene aber hoffentlich trotzdem e Kleinigkeit mit?
Freilich, beim Aldi gibts grad Doblerone im Angebot. Do kriege se a Schachtel.
Hoffentlich mache se die dann glei uff un verstecke se net im Schrank. Sonscht musch dein Kaffee noch ohne was dazu trinke.
Die Schoklad hebe se mit Sicherheit uff, aber trotzdem sin se nimmer ganz so knausrig heutzutag. En Hefezopf wirds schon gebe für die gelbfüßig Verwandtschaft aus Karlsbad, net grad en gfüllter. Weisch, e bissle was hat in dere jetzt doch schon jahrzehntelange baden-württembergische Zwangsehe schon au abgfärbt.

Michael Köhler

Nunnerzus ...

Was fier en Daag. Do werd's oim ganz warm ums Herz. B'sonners do, wo's saichd isch un d'Sonn so rechd an me no kommt. Jo, heid Morge isch's noch rechd frisch gwäh, abber jetzt isches schee warm worre. Von obbe leichded de blaue Himml, koi Wolg' isch zu sehe.

En haufe Landschaft isch um me rum; Erlebrüch, feichde Wiese un kloine Wälder. Uff de Landschdroß dribbe, am Waldrand, rasese widder wie die Verrickde. Mer kennd grad moine, de Deifl isch hinner ihne her. Abber so sinn se halt mol, d'Mensche. Die henn alles, bloß koi Zeid.

Jetzt habbe scho so viele Johr' uff meim Buggl' un muss trotzdem immer widder nei ofange. De ganz' Daag binne unnerwegs un finn koi oinzig ruhige Minud.

Zum Glick geht's nur nunnerzus, do brauche me ned ganz so arg ozuschdrenge. Glei am Ofang geht's sogar ziemlich hefdich de Berg nunner un do habes dann scho rechd eilig. Weider drunne werd's Dal dann braider un ich kann's gmiedlicher ogehe lasse.

Schmugge Derfer, kloine Schdädt un sogar e alds Kloschder ligge uff meim Weg. Glei hinner Karlsruh' ward mei alder Kumpel, de Rhein, uff me. Gmoinsam mache ma uns dann uff de Weg nach Holland. Isch jo scho e lange Rais. Un was e ned alles so mitmache muss: Bedonierde Ufer, Schdellfalle, Staimännle un nackte Fieß im Wasser. Des Neischde sinn Enderenne. Do werre jede Menge gelbe Blaschdigendewaggele uff me nei kippt. D'Leid schdehn am Ufer un dun sich keeschdlich amisiere, ich froog me bloß, ibber was aigendlich? In de letschde Johr dud's aa immer efders so arg regne, dasse oschließend mei liebe Mieh hab', des viele Wasser widder fortzuschaffe. Dezu brauche dann en haufe Platz un muss me in de Ebene drunne so richdig ausbraide.

Gud, Hochwasser hat's frieher aa scho gebbe, abber halt ned so oft wie heidzdaag. Mensch, was ischen jetzt do widder los? En Krangewaage schdeht obbe, midde uffem Radweg. Unne am Ufer, glei nebbe seller große Sandbank, liggt e jung's Mädle im Gras: Zwai Sanidäder beige sich grad ibber se. Um se rum schdehe e paar Junge un gugge ziemlich betrebeld aus de Wäsch'. Die sehn alle nimmeh bsonners frisch aus. Ibberall im Gras ligge leere Flasche un zsammedrickde Dose. Des arme Mädle, ganz blass isches.

Abber, sei wie's will, ich kann me jetzt nimmeh länger uffhalde, denn ich muss weider. D'Nordsee dud uff me warde ...

Der Text handelt vom Flüsschen Alb

Elisabeth Vollmer

Isch Sinze Dorf oder Schdadt?

Behaupdet letschthin eener glatt,
Sinze sei jetz ball e Schdadt.
Ich hab gfrogt, ob er wohl schbinn?
Wenn Sinze Schdadt isch, gfallt mir's nimm.
Un gitt's bi uns ou allerhond,
bi uns bisch eifach uffem Lond.

Zwar sieht's mitunder schdätisch us,
do un dert e vornehms Hus,
kei Huffe Mischt, kei Seichloch meh
un d'Oudo werre immer meh.
Do zwiefelsch monchmol om Verschdond,
so ebbs in Sinze – uff em Lond.

Kirch un Rothus – unser Schdolz,
der neie Brunne, ebbes Tolls.
Was no nitt alle henn – mir henn's:
Die groß Senioreresidenz.
Vun dert siehsch bis zur Schallschutzwond
Un wuhnsch trotzdem uffem Lond.

Ich bruch kei großer Kleiderschdaat,
fahr ich in's Dorf mit mienem Rad,
konn schnell zum Metzger un zum Beck,
grad newwedro gitt's Hosse, Reck,
un louft mol ebbs in der Passasch,
park ich's Rad in d'Diefgarasch.

Mir henn uffem Friedhof ix Urnewänd,
des het vor Johre noch niehme kenn.
Zwie Bohhöf, dass mier Zug fahre kinne,
die ou nette Gäscht uff Sinze bringe,
Ungerfiehrunge, Parkplätz gitt's in Masse,
do schdaunt mer eifach – konn's nit fasse,
Schbielhölle un e Wettbüro,
dess bricht mer uffem Lond nitt ho.

So gitt's in Sinze halt viel Sache,
wu uss me Dorf e Schdadt diehn mache.
Der Dialekt kommt viel zu kurz.
Konnsch nimm ins Dorf grad so im Schurz.
Ich globb, mer mießt sich fascht gar schämme,
un froh sinn, wenn di d'Litt nitt kenne.
So monchs isch eifach iwwerschbonnt,
un mir sinn doch uff em Lond.

Nei schdätisch welle mir's nitt ho,
un wer in d'Schadt will, der soll no.
Uns freit, wenn d'Veggel friehmorjens singe,
wenn d'Hiehner scherre un gaggere kinne.
Mier welle traime – was frieher war, schetze,
im Herz bewahre – e Denkmol setze.
Dess isch narr wie e gonz schdarks Bond
Zwische Hemet un Sinze, dem Dorf uffem Lond.

Aloys Schreiber

Rückkehr zur Heimath

(Bühl)

Thal mit dine Rebegeländ,
Mit de dunkle Felsewänd,
Heimetlüfte, Heimetstimme!
S'Herz, es möchte in Luscht verschwimme.

D'Fremde macht ein selte froh!
's Lebe het si Wurzel do,
Wu i unterm Blüjetrege
An der Bruscht der Muetter g'lege.

Ueberahl, bi jedem Schritt,
Find i halt mi Kinderzit
Un de alte Gottesfriede,
's isch, as wär i niemol gschiede.

's Bächle dört, das d'Matte tränkt,
Frogt mi: Hesch au an mi denkt?
D'Bäum, uf di i menomol g'stiege,
Rusche fründli mit de Zwige.

Heimet, g'ändert hesch di nit!
's Herz, des bring i au no mit;
Was der Himmel doh ni g'schribe,
Isch mer unversehrt gebliebe.

Miner Kindheit Morjestern
Sieh i jez im Obed gern,
Wer si matt un müed het gange
Treit jo noch em Schlof Verlange.

Das Gedicht soll sich auf Kappelwindeck beziehen.

Otto Gittinger

De Badisch Mon

A badisch's Büable, descht a Fescht,
Därf mit sei'm Vater zu de Schwoba,
En seinra neua rauta Wescht
Kommt's guatich übern Kniebis g'schoba.
Em Schwobeland, hu! Do git's veil
Fürs Büable Neus ond Fremds zom Gucka,
Von früah bis spot frogt's allaweil,
Suscht tät's am jo en Kropf nan drucka.
Jetz obeds, wia's da Vollmond sieht,
Do goht's am schiergar übers Froga:
„Lueg, was für'n Mon henn d'Schwobalüt!
Bi uns isch's nummer so en Hoka!"

Mon: Mond
veil: viel

Autorinnen und Autoren

Hanne Assion-Bausback, 1912 –2004, fränkische Mundart aus Walldürn. *I bin widder d'heem* (Seite 17) aus: H. A.-B., Blumme un Lichder, Walldürn 1989 (Odenwälder), S. 9.

Walter Barth, 1923–1994, südfränkische Mundart aus Karlsruhe-Knielingen. *De Holzbierebuckel* (Seite 54) aus: W. B. alias K. Seierlich, Holzbiere-Gschwätz und Lyrische Gedanken-Splitter, Karlsruhe o.J. (um 1986)

Roland Bruchmann, geboren 1949, südfränkische Mundart aus Karlsruhe-Neureut (Teutschneureut). Mehrfacher Preisträger Lyrik im Mundartwettbewerb des Arbeitskreis Heimatpflege im Regierungsbezirk Karlsruhe (Mundartwettbewerb). *De Neereder Blues* (Seite 68) aus: Alt-Neereder Schul Kolenner 2012; *Am Rhei'kilomeder 372* (Seite 67) aus: Alt-Neereder Schul Kolenner 2015.

Ludwig Eichrodt, geboren in Durlach 1827, gestorben 1892. *Rheinschwaben* (Seite 49) aus: L. E., Rheinschwäbisch. Gedichte in mittelbadischer Sprechweise. Zweite Auflage Karlsruhe 1873, S. 9.

Marliese Echner-Klingmann, geboren 1937, südfränkische Mundart aus Eschelbronn, mehrfache Preisträgerin beim Mundartwettbewerb des Arbeitskreis Heimatpflege in den Sparten Prosa, Szene, Lyrik. *Monchmol* (Seite 27) aus: M. E.-K.: Dorfgeschichten. Karlsruhe 2004 (Info), Seite 10. *Kerchetirm* (Seite 26) aus M. K./Ilse Rohnacher: Stoppelfelder streichle. Landau 1984 (PVA), S 59.

Fritz Ernst, 1897–1983, Mundart aus dem rheinfränkisch-südfränkischen Übergangsbereich im Odenwald. *Heimat am Katzenbuckel* (Seite 16) aus: F. E., Mei Sprooch- dei Red. Hrsg. v. Norbert Feinäugle und Thomas Eha, Bühl 1989 (Konkordia), S. 96.

Angelika Futterer, geboren 1952, Mundart aus Huttenheim und Philippsburg, südfränkisch mit rheinfränkischen Einflüssen. Preisträgerin Prosa beim Mundartwettbewerb. *...wärrsch garnet gfroogt...* (Seite 39), erster Preis Szene beim„Gnitzen Griffel" 2015.

Otto Gittinger, 1861–1939, schwäbische Mundart. Der Verfasser schrieb als evangelischer Pfarrer in Baiersbronn-Mitteltal *De Badisch Mon* (Seite 92) aus: O. G., So semmer Leut', Stuttgart o.J. (um 1910), S. 64.

Hanns Glückstein, 1881–1931, rheinfränkische Mundart aus Mannheim; *Achtung, Achtung, hier is Mannem* (Seite 10): Im Rundfunk gesprochen am 12. Juni 1927. Unter anderem in: H. G., Der lachende Poet. Ein Kurpfälzer Bilderbogen. Zusammengetragen von Sigfried Laux. Mannheim 2008 (Wellhöfer), S. 37.

Else Gorenflo, geboren 1934, südfränkische Mundart aus Friedrichstal, Stadt Stutensee. Preisträgerin beim Mundartwettbewerb. *Kinner vun de Hardt* (Seite 47) aus: E. G., Sandblätter, Stutensee 2002 (Selbstverlag), S. 9.

Karlheinz Grether, geboren 1949, südfränkische Mundart aus Karlsruhe-Neureut, genauer Teutschneureut. *De Turm* (Seite 63), erster Preis der Sparte Prosa im Mundartwettbewerb „De Gnitze Griffel" 2015.

Irma Guggolz, 1924–2014, Sulzfelder Mundart im südfränkisch-schwäbischen Übergangsbereich, mehrfache Preisträgerin beim Mundartwettbewerb des Arbeitskreis Heimatpflege. *Sulzfeld* (Seite 30): aus I. G., Licht uff em Weg, Heidelberg 1990 (HVA), S. 13; *Kraichgau* (Seite 29): ebenda, S.14.

Friedrich Gutsch, 1838–1897, südfränkische Mundart aus Karlsruhe, *Unser Thiergaarte* (Seite 50) aus: F. G., Aus Karlsruhes Volksleben, Karlsruhe 1876 (Verlag Friedrich Gutsch), S. 5.

Thomas Heitlinger, geboren 1964, südfränkische Mundart aus Rohrbach/Elsenz und dem Raum Karlsruhe, mehrfacher Preisträger beim Mundartwettbewerb des Arbeitskreises Heimatpflege. *Där Kraichgau* (Seite 31) aus: T. H., Schwarz uf Weiß, Eppingen 1986 (Alte Uni) S. 12; *Schnee olé* (Seite 70) aus: Gnitz, Karlsruhe 2005 (G. Braun). S. 99.

Christian Heneka, geboren 1979, südfränkische Mundart aus Büchenau und Marcel Kohn, geboren 1980, Südfränkisch aus Ubstadt. *Do gher ma no* (Seite 45), erster Preis Lied beim Mundartwettbewerb „De Gnitze Griffel" 2015.

Fritz Höhn, 1859–1934, Pforzheimer Mundart aus dem schwäbisch-südfränkischen Übergangsbereich. *Mei' Pforze* (Seite 79), hier nach: F. H., Mei Pforze, Pforzheim 1954 (Grimm), Neuausgabe auch Liebenzell 1978 (Bernhard Gengenbach), S. 8.

Valentin Hörig, geboren 1940, niederalemannische Mundart aus Elchesheim, mehrfacher Preisträger beim Mundartwettbewerb des Arbeitskreises Heimatpflege. *Mei Heimed isch* (Seite 72) aus: V. H., Was du nit sagsch, Selbstverlag 2011, S. 26 (dort unter dem Titel Was isch Heimat?).

Harald Hurst, geboren 1945, südfränkische Mundart aus Karlsruhe, Preisträger bei der ersten Ausschreibung des Mundartwettbewerbs 1986 sowie in Folgejahren. *S'Geflügelviertel* (Seite 57) aus: H. H., So e Glück, Karlsruhe 1995 (G.Braun, erscheint jetzt bei Silberburg, Tübingen), S. 18; *D'Idioterennbahn* (Seite 58) aus: De Polizeispielkaschte, Karlsruhe 1990 (G. Braun bzw. Silberburg), S. 14; *De Heckewanderer* (Seite 60) aus: Komm, geh fort, Karlsruhe 2003 (G.Braun bzw. Silberburg). S. 80.

Dieter Huthmacher, geboren 1947, Pforzheimer Dialekt aus dem südfränkisch-schwäbischen Übergangsbereich, mehrfacher Preisträger beim Mundartwettbewerb des Arbeitskreises Heimatpflege, Sparte Lied. *I ben aus Pforze* (Seite 80) und *Wandern im Nordschwarzwald* (Seite 81); bisher unveröffentlicht.

Gustav Knauber, geboren 1933, rheinfränkische Mundart aus Heidelberg, Preisträger beim Mundartwettbewerb des Arbeitskreises Heimatpflege. *Haamed* (Seite 19) leicht gekürzt aus: G.K., S Johr durch in Rohrbacher Mundart, Heidelberg 1987, S. 94

Michael Köhler, südfränkische Mundart aus Ettlingen. Mundartpreisträger. *Nunnerzus* (Seite 87), dritter Preis der Sparte Prosa beim „Gnitzen Griffel" 2015.

Rudolf Lehr, 1924–1999, rheinfränkische Mundart von Sandhausen, Jurymitglied beim Mundartwettbewerb des Arbeitskreises Heimatpflege. *Schwetzinge* (Seite 14) leicht gekürzt aus: Kurt Bräutigam/R. L.: Daheim. Ortstypische Mundarten zwischen Rhein und Tauber, Main und Murg. Karlsruhe 1986 (Badenia), S. 72 (dort unter dem Titel „Schwetzinge, liewens-, loowenswert").

Thomas Liebscher, geboren 1961, südfränkische Mundart aus Mingolsheim/Langenbrücken. Preisträger Lyrik beim Mundartwettbewerb, seit 2006 Vorsitzender der Jury des „Gnitzen Griffel". *Sinse richtig?* (Seite 35) aus: T. L., Alderle! Ubstadt-Weiher 2011 (verlag regionalkultur), S. 13; *Der Kraichbach* (Seite 36), ebd. S. 34, *Mengelse un Langebricke* (Seite 38), ebd, S. 37; *Woghaisel* (Seite 44) gekürzt aus: T.L., Besser wie nix, Ubstadt-Weiher 1997 (verlag regionalkultur), S.43.

Wolfgang Müller, geboren1950, südfränkische Mundart aus Pfinztal-Söllingen. Mehrfacher Mundartpreisträger. *E runde Sach* (Seite 42), zweiter Preis Lyrik beim „Gnitzen Griffel" 2015.

Elfi Neubauer-Theis, geboren 1965, südfränkischer Dialekt von Neckarbischofsheim, mehrfache Preisträgerin beim Mundartwettwerb, anschließend Mitglied der Jury. *Kraichgau* (Seite 33) aus: www. elfi-neubauer-theis.de; *Komm, Trost der Welt, du stille Nacht* (Seite 32) aus: E. N.-T., Mit em Löwezahn fliege,Ubstadt-Weiher 1997 (verlag regionalkultur), S. 47.

Dr. Anton Ottmann, geboren 1945, kurpfälzischer Dialekt aus Dielheim. Mehrfacher Preisträger beim Mundartwettbewerb. *Die Ritter vun un zu Walldorf* (Seite 22), bisher unveröffentlicht.

Werner Puschner, geboren 1956, südfränkische Mundart aus Karlsruhe, Mehrfacher Preisträger beim Mundartwettbewerb. *Gondoletta* (Seite 52) aus: W. P., E runde Sach, Karlsruhe 2000 (Info Verlag), S. 29; *Besuch uff em Dobel* (Seite 85) aus: Beziehungsweise, Karlsruhe 2011 (Info Verlag), S. 45.

Ilse Rohnacher, geboren 1926, rheinfränkische Mundart aus Heidelberg. Mehrfache Preisträgerin beim Mundartwettbewerb in den Sparten Prosa, Szene,